U0889029

公元787年，唐封疆大吏马总集诸子精华，编著成《意林》一书6卷，流传至今

意林：始于公元787年，距今1200余年

意林®

一则故事　改变一生

《意林·少年版》编辑部

编　委

郑　丹，高级教师，安庆市学科带头人，安庆市优秀班主任，在《语文教学通讯》《中学语文教学参考》《新课程评论》《江西教育》等发表论文多篇。

张丽民，一级教师，曾获“思明区优秀教师”荣誉称号、思明区青年教学能手，在《班主任》《语文教学通讯》等期刊发表论文若干篇。

张静珊，一级教师，散文作家，湖南省教师作家协会会员。在报纸杂志上发表的散文有《竹韵悠悠锁梦中》《那一塘摇曳的粉荷》《驿马萧萧屐履深》《兵哥》《被铭记的师恩》《让文学的X光透视灵魂》《天桥晓月照古今》和《枉渚，屈原生命中永恒的驿站》等，约20万字。

姜梦楠，二级教师，自工作以来一直承担班主任以及小学语文教学工作，曾被评为区级优秀青年教师。在带班育人方面，她所带班级多次被评为校级优秀班集体；在教学方面，她主讲的区级观摩课受到广泛好评，参加的市级和区级研究课展示课、撰写的论文等获得多个奖项。

意林·少年

名家美文阅读精选

给孩子的51个成长启示

《意林·少年版》编辑部　编

本书点评教师：张丽民

吉林摄影出版社

·长春·

图书在版编目（CIP）数据

名家美文阅读精选. 给孩子的51个成长启示 / 《意林·少年版》编辑部编. — 长春：吉林摄影出版社, 2023.3

ISBN 978-7-5498-5633-6

Ⅰ. ①名… Ⅱ. ①意… Ⅲ. ①阅读课－小学－教学参考资料 Ⅳ. ①G624.233

中国版本图书馆CIP数据核字(2022)第222359号

名家美文阅读精选. 给孩子的51个成长启示

MINGJIA MEIWEN YUEDU JINGXUAN. GEI HAIZI DE 51 GE CHENGZHANG QISHI

出版人 车　强
总策划 宋春华　朱薏楠
出品人 杜普洲
主　编 宋春华
图书策划 宋春华　施　岚
责任编辑 吴　晶
图书统筹 贺显玥
执行编辑 贺显玥
封面设计 张　龙
美术编辑 张　龙
开　本 787mm × 1092mm　1/16
字　数 140千字
印　张 9
版　次 2023年3月第1版
印　次 2023年3月第1次印刷
出　版 吉林摄影出版社
发　行 吉林摄影出版社
地　址 吉林省长春市净月高新技术开发区福祉大路5788号
邮编：130118
电　话 总编办：0431-81629821
发行科：0431-81629829
网　址 www.jlsycbs.net
经　销 全国各地新华书店
印　刷 天津科创新彩印刷有限公司
书　号 ISBN 978-7-5498-5633-6
定　价 32.00元

启　事

本书编选时参阅了部分报刊和著作，我们未能与部分作品的文字作者、插画作者取得联系，在此深表歉意。请各位作者见到本书后及时与我们联系，以便按国家相关规定支付稿酬及赠送样书。

地址：北京市朝阳区南磨房路37号华腾北搪商务大厦1501室《意林·少年版》编辑部（100022）

电话：010-51900470

读书养气　乃为善读

文/伍　剑

在炎炎夏日，我们渴望悠悠凉风。在凛冽寒冬，我们期盼暖暖杲阳。真好，《名家美文阅读精选》来了。捧读这个系列的四本书，不禁为编者的良苦用心点赞。从一个写作者以及教师的角度来说，这套书给我无限的惊喜：选文精当、注重培养语文素养是它的第一个特点，也是最大的亮点。

语文素养是一个大概念，一些家长认为，好的语文素养就是会阅读、会写作。其实，这是一种误解，语文素养中，思维品质、情感体验、品德修养、审美情趣等，更为重要。换一种说法，即家长只注重语文的工具性，不注重语文的人文性。

这套书视野开阔，对标新课标，走出了一般选本机械性一对一的编辑模式，按照爱上阅读、有利成长、用哲理激发孩子的内驱力和掌握写作密码的线性组稿方法，一站式给孩子赋能，这是大语文观的生动体现。

当今孩子的课外读物，要么只谈阅读，要么只谈写作，往往仅围绕阅读和写作技法，罗列素材，生硬解析。孩子们读起来，有一种生活和学习的割裂感，阅读效果并不理想。这套书，通过编辑精心组织，很好地将课本知识的外延扩大，挑选适合孩子心灵，契合孩子阅读口味和阅读习惯的篇章，注重孩子阅读时的代入感，照顾陌生化的新奇感，规避了阅读写作过程中生硬灌输营养，注重吸收的品质和有效性。

本套书的第二个特点，是故事性突出。孩子们喜欢故事，然而不走心的故事，是很难吸引他们的。本套书选取的文章，大多短小，无论写人的，还是写事的，抑或是写景的，都以故事见长，这点很难得。孩子们课业负担重，长篇没时间阅读，短篇正合他们的口味。而短篇要讲述一个适合孩子们的好故事，就更难得，既考验作家的水平，也考验作家对孩子阅读的理解程度。像《为一个人起立》《有只鸟飞过蓝天》等，故事的起承转合恰到好处，故事内容也适合孩子们的心理，阅读效果显而易见。

在选择故事性文章时，编辑将故事进行了详细分类，思维清晰，对孩子们喜欢的故事，不是一股脑选入，而是将对孩子们健康成长有利的排在第一位。再次细分大类别故事时，比如动物故事，编辑摒弃了不适合孩子阅读的篇章，而是选取了可爱、坚韧、智慧、善良的动物主人公，让它们与孩子们在同一个地球上互相关照、共同成长，当然，这也是流行生态文学的可圈可点之处。

本套书的第三个特点，是涵盖知识性。孩子们平时的阅读，很多是分割式的，比如，喜欢科学的孩子就读科技书籍，喜欢文学的孩子就读文学书籍。殊不知，现代学科很多是交叉的，有没有融合多种知识的文学作品呢？本套书在编辑过程中，编辑的视野是交叉的，选取的文章，融合了多种知识，让孩子们在阅读过程中，得到通识教育，也增强了趣味性和可读性，这对孩子们的成长有极为重要的作用，现代社会需要培养更多的复合型人才。孩子们在阅读过程中，不知不觉锻炼了形象思维和逻辑思维能力，这为他们成为复合型人才打下了思维基础。

本套书的第四个特点，是呵护式的详细讲解。孩子们读一本书，能够吸收多少营养？这是我们写作者常常思考的问题，也是编辑很看重之处。这套书，编辑精益求精，邀请了国内一线儿童文学作家、知名特级教师参与。这些一线特级教师具有丰富的教学经验，熟知学生阅读和写作的痛点，对选文点评也是手把手式的。他们结合课内的知识点，解析范文线索、解读亮点、理解要点、点拨写作技法，从范文全貌到大纲，再到细节，从阅读重点到理解难点，从一般表现手法到独特写作亮点，从阅读方式到思想表达，从文字吸收到审美效果，从情感体验到思维品质，鞭辟入里，引导有力。这些一线作家，结合自己的写作经验，讲解具有普适性，使孩子们在有限的时间里，掌握了课堂上没法掌握的知识点，吸收考试提分的营养，增强了成长的动力，让孩子们爱上阅读、爱上写作、爱上语文。

最后，祝愿所有读到这套书的孩子健康成长，前程似锦！

目录 CONTENTS

第三辑　月亮被咬去了一口

第四辑　不让骑的阿鱼

锐角形的阳光

文/李德民

真的，夏天的阳光
是锐角形的
夏天的阳光
照射到胳膊上
胳膊被阳光的尖
扎疼了
照射到脊背上
脊背被阳光的尖
扎疼了
赤着脚行走时
脚底也被扎疼了
太阳终于落下去
树像一把大扫帚
呼啦啦，呼啦啦
把阳光打扫得干干净净
睡觉时，身子还翻过来翻过去
看来，凉席的缝隙里
还藏着锐角形的阳光

解析范文线索：

长跑比赛开始，“小飞人”刘相辉虽起步略慢，但他把控好节奏→蒋飞突然加速跑，带快刘相辉→蒋飞突然冲出跑道喝水，惊呆众人→张海涛逆袭夺得第一→揭露原因，原来是张海涛和蒋飞借用“田忌赛马”的技巧

“田忌”赛“跑”

文/陆　杨

长跑比赛当天，操场上站满了前来观看的同学们，一个个为自己班的运动员加油助威，阵容空前绝后，不亚于某些大型体育赛事。

当担任发令员的老师扣响发令枪后，六年级六个班一千五百米的参赛运动员，一个个好像离弦之箭一样，快速射了出去。

佳句解析

运用比喻修辞，把运动员比作离弦之箭，生动形象地写出运动员们起跑速度快，气势足。

六（5）班的“小飞人”刘相辉知道自己可以稳拿第一，所以，刚开始跑的时候，只发挥了几成“功力”，故意跑在其他运动员之后，一副漫不经心的样子。

在跑过第一圈之后，六（1）班的参赛运动员蒋飞，突然加快了速度。在短短的几十秒后，他就将其他运动员远远抛在了后面，眼看着蒋飞就快超过众人一圈了，“小飞人”刘相辉有些稳不住了，他也加快速度赶了上去。

紧接着，其他四个班的同学依次追逐起来，场上气氛高涨起来，但六（6）班的参赛运动员张海涛依旧不紧不慢，被其他五个选手抛下了整整一圈。美少女啦啦队队员们看到这样的情况，都不禁冲着张海涛做鬼脸，还有人开始喝倒彩。

慢条斯理

与前文的加快速度的举动，形成反差。文章在这里设置了一个悬念，吸引着读者忍不住往下阅读。妙哉！

到第三圈时，一直在前面领跑的蒋飞突然冲出了跑道，来到了同学们中间。然后，他**慢条斯理**地从桌上拿起一瓶矿泉水，很惬意地喝起水来。无论是跑道上的运动员，还是周围围观的同学，都不知道蒋飞葫芦里到底卖的什么药，所有

人都用一种无比惊疑的目光打量着他。

到最后一圈时，包括“小飞人”刘相辉在内的四个运动员都有些吃不消了，速度明显慢了很多。而此时，张海涛开始奋起直追，在第四圈跑到一半的时候，他已经追上了跑在前面的四个运动员。最后冲刺时，赛场上出现了不可思议的一幕，“小飞人”刘相辉因为体力不支，两腿一软，“扑通”一声跌倒在地上，跟在他后面的几个运动员**猝不及防**，来了一个“汽车追尾”。

与此同时，张海涛已经冲过了终点线，那架势不亚于奥运健儿为国争光。

长跑比赛结束后，班主任汪老师决定开一个主题班会，让张海涛发表胜利感言。没想到张海涛红着脸走上了讲台：“我主要是凭借‘田忌赛马’的技巧，战胜了那些比我强大的运动员。”

原来，这小子并不是靠实力赢得长跑冠军的。比赛前，张海涛找到自己儿时的玩伴蒋飞，两人制定了周密的计划，先让蒋飞去耗费“小飞人”和其他运动员的体力，而其他运动员都以为蒋飞是突然杀出的一匹黑马，全都奋力跟进，完全不知道“螳螂捕蝉，黄雀在后”，等到大家都跑不动的时候，张海涛便轻轻松松夺得了第一名。

猝不及防

在这里指事情发生得突然，让其他运动员措手不及，毫无防备。

阅读理解要点：

这篇文章读到最后，读者才恍然大悟。我们看到了张海涛的“老谋深算”，也看到了他和蒋飞之间的默契，不愧是巧用了“田忌赛马”的技巧。

写作方法：

俗话说，文似看山不喜平。我们在谋篇布局的时候，就可以有意识地安排几处“波折”的情节，让文章更有看头。

解析范文线索：

“我”是灯塔的守夜人→美人鱼提出要借塔顶看流星雨→美人鱼唱歌，使迷路的星星们降落到岛上，不至于成为海妖们的眼睛→天亮了，美人鱼继续唱歌，送星星们上天

灯　塔

文/蓝钥匙

我是一个海上灯塔的守夜人。

在漆黑的海上，灯就是船的眼睛，尤其是暴风雨的夜里，我要确保塔灯不被海风吹熄。

在暗夜的灯塔上，我经常感觉世界空无一人。这天深夜，我正在塔顶打着瞌睡，塔楼下方传来“咚咚咚”的敲门声。

我探出头，门外站着一位美人鱼。

在漆黑的夜里，她的手里托着一盏亮白的灯，光芒远胜塔顶的引航灯。

她像骄傲的海狮一样站在门口：“我想借塔顶看一下流星雨。”我完全没有拒绝的理由，闪身退到一边。

等她进来，我这才看清，她手里托着的是一颗硕大无比的珍珠，兀自发出耀眼的强光。

对我接待的第一个访客，我不知道能做些什么。

我倒是听来往船只上的水手们说起过美人鱼的事。

听说，她们心情不好的时候会唱阴郁的歌，歌声会让船只迷失在黑色的海洋里。

那天夜里，我接待了第二个访客，它是一颗流浪的星星。

流浪星走的时候，我已经在塔顶疲倦地睡着了，是一阵歌声把我从冷寂的梦里唤醒，我一个激灵站起来。

歌是美人鱼唱出来的。歌声高亢时，就像我见过的最大

亮点解读

该段运用比喻的修辞手法，把流星稍作停留后闪向别处的现象，比作医生诊视病人，生动形象地写出了流星的移动变化之快。

游轮拼尽全力的一声汽笛。紧接着，我眼前闪过无数道光，一个挨着一个，流星从幽暗的天际弹射下来。那颗流浪星正在岛上穿梭，在每一处发光的地点稍作停留后便闪向别处，像医生在诊视一个一个病人。

“咚”的一声，我的视线被拉回。

美人鱼瘫软在地上，大口大口喘着粗气。显然，刚才不间断的歌声耗尽了她毕生气力。

我扶她坐下，看她昏睡过去。我推开锈迹斑斑、铆着巨大铁钉的塔门，向岛上走去。

星星，那么多的星星降落到岛上。

我上前小心地捧起一颗小星星，它浑身冰凉，寒意从我的手心一直贯穿到脚掌。

我看着不远处还在跳跃奔跑的流浪星，上前问个究竟：“星星为什么会从天上掉下来？”

“它们在天空练习飞行的时候迷路了。海妖们会在流星雨之夜在海里等待，如果小星星落到她们手里，会变成海妖的眼睛。那些让船只迷失的歌声，都是没有眼睛的海妖愤怒的哀嚎。得不到眼睛，它们只能生活在深海里，永远没有机会上岸。”流浪星说。

佳句解析

与上文的美人鱼阴郁的歌会让船只迷失的传说相呼应。原来是海妖的嚎号，“我”恍然大悟。

美妙绝伦

这里指美人鱼的歌声非常动听，其他任何声音都比不上。

我恍然大悟，美人鱼是为了避免星星落到大海，才拼命用歌声召唤迷路的星星。流浪星仔细查看每一颗星星，是确保它们没有被卡进珊瑚丛或者深陷沙地里。

我们回到塔顶，美人鱼已经从昏睡中苏醒。

“开始吧，天快亮了。”美人鱼说完，深吸一口气，嘴里响起了**美妙绝伦**的歌声。

这时的歌声与刚才截然不同，是欢快愉悦的旋律，岛上的小星星如同被召唤一般，在歌声里，在橘黄的星光里，一颗一颗升起。

阅读理解要点：

本文通过美人鱼的两次歌唱，一次是高亢的歌声，指引迷路的星星们降落岛上，一次是优美的旋律，指引星星们升上天空，刻画出一个人美心善的美人鱼形象。

写作方法：

“我”在文中是旁观者的视角，灯塔是全文线索。“我”虽然不是主人公，却通过“我”的所见所闻、“我”的讲述，串起了整个故事，显得更加真实可信。由此，我们可以得知写作的视角不同，表达效果亦不同。

第一人称视角：表达感情亲切自然，真实可感，有说服力。不足之处是转换场景受限。

第二人称视角：亲切自然，拉近与读者的距离，便于抒发感情，仿佛就在你面前跟你对话。

第三人称视角：视角、场景切换自然，不受时间和空间的限制。

思考与练习：

你喜欢文中的美人鱼吗？为什么？说说你的理由。

解析范文线索：

顾晓琳迟到，被要求请家长→班长俞敏杰得知顾晓琳迟到是帮妈妈卖早点→俞敏杰请班上同学尽量到顾晓琳妈妈的早餐店吃早餐→顾晓琳知道后备受感动→班主任也加入早餐队伍

初一（2）班的秘密

文/张东利

顾晓琳又迟到了，下课后，她被班主任侯老师叫到了办公室。侯老师让顾晓琳请家长到学校来，顾晓琳慌了，用乞求的眼光看着侯老师。

看到顾晓琳可怜巴巴的眼神，侯老师的心一下子软了下来。顾晓琳再三保证不再迟到，侯老师便放过了她。

另一头，班长俞敏杰向住得离顾晓琳近的隋童打听顾晓琳老是迟到的原因，隋童告诉他，顾晓琳的爸爸两年前得癌症去世了，当初给她爸爸治病，不但花光了家里所有的积蓄，还借了不少外债。为了尽快还清外债，妈妈除了正常上班，还利用早上的时间，在自家楼下的储藏室卖起了早点。顾晓琳很是心疼妈妈，便在早上上学前帮着妈妈收拾碗筷，有时忙着忙着就忘了时间，所以经常迟到。

俞敏杰是顾晓琳在学习上的竞争对手。两个人学习上谁也不服谁，第一名轮流坐庄。不过，顾晓琳现在糟糕的家庭状况让俞敏杰为她担心起来，如果这种状况持续下去，她的成绩肯定要下降，可是如果因为这个原因成全自己稳得第一，自己好像有点儿胜之不武。

俞敏杰决定帮帮顾晓琳。顾晓琳家离学校不远，他和隋童便分头联系班上同学，让早上在外面吃早饭的同学尽量去顾晓琳妈妈的店里吃，这样她家的包子就能早些卖完。包

佳句解析

一个“又”字，表示顾晓琳迟到已经不是第一次，也为下文班长打听原因并帮助她作铺垫。

亮点解读

本段交代两人在学习上不相上下，让班长对顾晓琳的帮助显得更加合情合理。

佳句解析

交代保密，既照应了题目，也体现了俞敏杰善解人意，保护了顾晓琳的自尊心，让人物形象丰满起来。

慕名而来

这里指同学们仰慕阿姨包子做得好，特地前来品尝。这样做减轻了顾晓琳的心理负担，不想让她觉得是在接受大家的帮助。

子卖完得早，早点摊就不需要顾晓琳帮忙，她也就不会迟到了。

俞敏杰叮嘱说：“注意不要让顾晓琳知道，这对她来说是个秘密！”

看到班长和隋童把全班同学找了个遍，唯独不找自己，顾晓琳不知他们在搞什么名堂，便悄悄地问同桌李蕴涵，李蕴涵微微一笑：“这是初一（2）班的秘密，就是不能让你知道！”

第二天早晨，初一（2）班的学生们陆陆续续地聚集到顾晓琳妈妈的早点摊前。

看到这么多同学来妈妈这里吃早点，顾晓琳顿时明白了，这就是李蕴涵所说的“初一（2）班的秘密”，她一时感动得不知说什么好，只有诚恳地说：“俞敏杰，谢谢你！”

俞敏杰盯着顾晓琳，一脸的不解：“谢我？谢我什么？我们可都是听说阿姨的包子做得好吃，**慕名而来**！”

“我也是慕名而来！”

一个熟悉的声音传来，俞敏杰和顾晓琳几乎同时转过身去，吃惊地睁大了眼睛：“侯老师，你怎么来了？”

“我也听说你妈妈做的包子好吃，以后早饭就在这儿吃了！”侯老师笑呵呵地说。

侯老师坐在凳子上，用筷子夹起一个包子，对同学们幽默地说道：“现在谁也不许再说话了，赶紧吃饭，不然我们初一（2）班今天要集体迟到了！”

亮点解读

侯老师也用“慕名而来”的理由，顺理成章地帮助了顾晓琳，又维护了她的自尊心。

阅读理解要点：

本文通过写班长俞敏杰瞒着顾晓琳，悄悄发动班上的同学来照顾顾晓琳家的早餐店生意，让顾晓琳不再迟到，班主任侯老师受到感染，也加入这一队伍的故事，塑造了一个温暖有爱的班集体，不着痕迹地帮助了顾晓琳，又很好地维护了她的自尊心，读来让人不禁嘴角泛起微笑。

写作方法：

本文拟题很有意思，“初一（2）班的秘密”，光看题目，就已经吊足了读者的胃口。究竟初一（2）班有什么秘密？吸引读者迫不及待地阅读下去。所以说，“题好一半文”，好的题目是文章成功的一半。如何取一个亮眼的题目呢？我们在拟题目的时候，可以从以下方面入手：

1.悬念型题目：充满悬念的标题能吸引读者的目光。这篇文章的题目“初一（2）班的秘密”就充满了悬念，吸引读者往下阅读。

2.线索型题目：以某个事物或某种情感作为贯穿全文的线索。

3.诗意型题目：题目使用修辞手法或者唯美的语言，创设优美的意境等。

4.引用型题目：引用人物的语言或诗句、歌词等作为文章的题目。

5.哲理型题目：提炼文章的主题作为题目，或者题目蕴含深刻的道理。

6.感染型题目：题目蕴含作者深厚的感情，富有感染力，比如梁晓声的《慈母情深》。

……

思考与练习：

你喜欢文中的班长俞敏杰吗？说说你的理由。

解析范文线索：

上学的锣声响起，母亲催促定宇上学→定宇到学校后，自告奋勇去找迟到的金水→找到金水后，定宇提议换铜锣→老师找村长商量换新锣→村长说出尖坡界小学要撤校合并到凤西小学→师生不舍，轮流敲响铜锣

大山里的破铜锣声

文/许一诺

“当当、当、当——当……”像有节奏又像没有节奏的锣声在山村上空盘旋着。定宇的母亲坐在门口，边剥豌豆边喊：“小宇，你还不快点，学堂的锣声已在催了。”

定宇背起书包，噔噔跑出家门，拐进小巷子，转眼不见了。

黄文老师又把悬挂在屋檐下的那面铜锣敲了两遍，三年级的金水还没来上学。

尖坡界小学是一所山里的“麻雀学校”，只有一位老师、一间教室和六个学生。空旷的教室里摆放着六张课桌，哪个学生没来**一目了然**。

定宇站起来说：“老师，我去叫金水。”

黄文老师还没点头同意，定宇已一溜烟跑出去。三年级还缺两个学生，黄老师决定先给一年级学生上课，结果他一个生字还没教完，定宇已拉着金水风风火火地跑进教室。

“好了，先回座位，我们要上课了。”黄老师赶忙说。

刚回座位的定宇却又“噌”一下子站起来说：“老师，学校这面破铜锣早该换换了，别说金水他们，就连我家跟学校仅隔着两条巷子都听不大清楚。这不，弄得我老迟到。”

黄老师决定找村长商量，老村长听后沉默一阵，说：“这锣就不买了，镇上刚来通知了，尖坡界小学下学期要撤掉了，老师和学生都合并到主村的凤西小学。”

亮点解读

以声音开场，引发读者的好奇，吸引阅读兴趣。

一目了然

这里指看一眼就完全清楚明白。

亮点解读

此处“一溜烟”“风风火火”写出了定宇的调皮活泼。

黄老师默然，他提着破铜锣往回走时，手里的锣沉甸甸的，他心里也沉甸甸的。

尖坡界小学要被撤掉的消息很快像长了翅膀一样飞遍了整个村落。转眼到了学期最后一天，学校要开最后一次班会。

佳句解析

运用了比喻的修辞手法，生动形象地写出了撤校的消息传播的速度快。

这天，所有学生都比往常来得早，连家长们和村长也都不请自来。黄老师步履沉重地走上他熟悉得不能再熟悉的讲台。他尽量用轻松的口吻宣布：“这学期同学们都考得不错，都在前五名。当然，我们学生都不多，所以大家到了新学校要想继续保持这样的好成绩，需要加倍努力哦！”

一提到新学校，教室里一下子安静下来，有孩子甚至偷偷抹起了眼泪。黄老师用略微颤抖的语调宣布：“下课！”

孩子们忍不住哭出声来。黄老师走了过去，温和地说：“以前我一宣布下课，你们都乐得像归山的猴子一样，现在怎么都哭了？今天让我们一起敲响下课的锣声，好不好？”

孩子们都含着泪点头。大家在黄老师的陪伴下轮流敲响放学的铜锣。

“当当”的锣声响了很久很久。后来每次回望尖坡界时，总能隐约地听到它的余响。

佳句解析

如果思念有回声，必定震耳欲聋，大家对尖坡界小学的想念亦是如此吧！

阅读理解要点：

麻雀虽小，五脏俱全。村里的“麻雀学校”尖坡界小学虽然只有一位老师、六个学生，却也是村里的小学，是村里人的牵挂，学校的铜锣声是融入村里人生活的日常，也因此，在失去它的时候，大家都有满满的不舍。

写作方法：

文章以锣声开头，以锣声结尾。铜锣声，是贯穿全文的线索，也形成了前后呼应。借铜锣声来串联起尖坡界小学撤校合并一事的来龙去脉，使文章的情节发展和情感走向自然而然。我们在写作文的时候，也可以围绕一个情感的寄托物展开来写，使之成为情节发展的线索和情感表达的线索。

解析范文线索：

安理达梦醒见到捕梦少年于西→于西不忍捕捉别人的美梦，安理达给他支着→于西捕捉了诸多噩梦，从中提取美好的部分，重新组合成美梦完成任务

捕梦少年

文/芝　墨

亮点解读

全文围绕梦来写，就连主人公的出场也是由梦中醒来，这样的安排显得合情合理，文意连贯，一气呵成。

安理达是从一个破碎的梦境里醒过来的。在梦里，他被人追赶，满头大汗，掉下悬崖，而后梦醒了。真吓人！安理达想。他再也睡不着了，便穿上外衣，准备去院子里走一走。然而，令安理达意外的是，院子里站着一个人。

那是一位少年，身穿黑色的连帽衫，手里拿着一个大大的网兜。网兜是纯白色的，闪着莹莹的光，像染了一层月牙粉。

安理达想不明白，怎么有人半夜三更不睡觉，拿着一个网兜在自己家院子里？

那个少年走过来，伸出一只手说：“我叫于西。”于西告诉安理达，他来自梦的国度，是捕梦人。在梦的国度，像他这样年满十三岁的少年就能加入造梦协会，参与造梦或者捕梦行动。他此行就是来捕梦的。

“可以给我一个梦吗？”于西睁着明亮的大眼睛说道，“我需要一个完整的、美妙的梦。”

“很抱歉。”安理达说，“我现在没有睡意，是不可能做梦的。”

“那怎么办呢？”于西说，“如果今晚再捕不到一个完整的美梦，我会被赶出造梦协会。”

“你可以去捕别人的梦啊！”安理达建议道。

“可是，我做不到。”于西哭丧着脸，苦恼地摇摇头，

然后带着安理达来到安理达父母的门前。安理达看到母亲正在做一个捡鸡蛋的梦，一边捡着，一边笑得眉眼弯弯，说："达达最喜欢吃鸡蛋了，这几个大鸡蛋留给他。"

安理达鼻子一酸，眼泪差点儿掉下来。母亲平时爱唠叨，却也把他照顾得无微不至。瞧，就连在梦里，她都希望给安理达最好的。

"很感人对吗？"于西举着捕梦的网兜，迟迟不忍下手，"这样美妙的梦境，我怎么舍得去捕捉呢？"

在客厅里坐下，安理达说："我大概知道你为什么完不成任务了。你很善良，不愿意破坏别人的美梦。"

"但是，我捕不到美梦会被辞退的。"

看到于西这样，安理达也很难过。他想了想，问于西："那你可以把不同的梦境融合在一起，重新进行组合吗？"

说干就干，安理达陪着于西去捕捉了很多很多噩梦，有男人的梦、女人的梦、孩子的梦，以及猪牛羊的梦。这些梦各式各样，**天马行空**。然而它们都有美好的一部分，尽管是一小部分，但从噩梦里抽离出来，重新组合之后，它就凝成了一个美梦。

"怎么样，这个梦可以让你交差了吗？"安理达问。

"这是个一举三得的好办法，既不用抢走别人的美梦，又可以捕捉噩梦，还可以让我完成任务，棒极了！"于西说。

天马行空

天马行空原指天神之马在空中无拘无束地驰骋，这里用来比喻人们所做的梦包罗万千，各种各样的都有。

佳句解析

原来美梦还可以是从很多不同的噩梦里抽取，重新组合而来。这样的操作，侧面反映出捕梦少年的善良。

阅读理解要点：

本文想象奇特，捕梦少年来自梦的国度，却可以和普通少年安理达对话，身为捕梦少年，哪怕面临即将失去这个身份，也不忍心去捕捉别人的美梦。最后，在安理达的建议下，从诸多噩梦中抽取组合了一个美梦。两个少年在这样的碰撞和抉择中，焕发出了人性的光芒。

写作方法：

奇特的想象是本文的亮点。写想象作文的时候，我们可以赋予人物神奇的身份、神奇的技能、奇特的经历，同时想象要合理，有一定的逻辑。

解析范文线索：

"冰箱起飞了，"我"跟着冰箱飞到了南极→冰箱想帮助南极不融化，却无济于事→冰箱带着"我"从南极回家，耗尽力气→"我"告诉冰箱"我"的梦想→冰箱也想成为"我"的员工

乘着冰箱去旅行

文/段立欣

这个炎热的夏季，我家的冰箱"起飞"了。每当我走到它跟前，竖起耳朵想要认真听的时候，它一下子就不响了，就像"啪"的一声关掉电视那么快。"你是怕被我察觉，对吗？"我试探着问。它很聪明，一声不吭。

但它逃得过我的耳朵，逃不了我的眼睛。我清楚地看到，冰箱的四条腿离开了地面一厘米。

"你别走！"我跳起来抓住冰箱门大喊，"你离开了，那我们怎么办？"我紧紧抓住冰箱门，接下来，我手脚并用钻进了冰箱的冷藏室。

"我想去南极。"冰箱兴高采烈地说着，同时发出了嗡嗡嗡的声音。

"南极？冷冰冰的南极？"我一哆嗦。"没错，南极！"冰箱的眼睛，也就是它的温度显示器放出期待的光芒，"南极是我们寒冷者的宝地，最适合我们的地方就是南极。"

我们真的飞到了南极，在这个寒冷的地方，冷藏室成了最暖和的地方。因为气候变暖，南极的冰块在融化。

"看我的吧，我来帮助你们不融化！"冰箱大喊着，使出**浑身解数**。但在寒冷的南极，它吐出的这点凉气，不值一提。漂浮在海面上的南极冰川发出了一声声冷笑，一片片从我们身边漂过。

"要不我们回家吧？""不行，我已经冻僵了，根本飞

浑身解数

这里指冰箱为了帮助南极的冰块不融化，将自己全身所有的本领都使出来。

佳句解析

运用拟人的修辞手法，赋予南极冰川人的动作"冷笑"，生动形象地写出了冰箱吐出的凉气对南极的帮助微乎其微。

不起来。”冰箱的嗡嗡声越来越小。

我连忙钻出冰箱，找了一块冰冷的石块，帮冰箱清理起了外壁的冰层。

冰箱看上去好了一些，但它还是不自信地说：“我即使能飞起来，也坚持不到家的，也许我们飞到一半……”

我打断它的话：“你是会飞的冰箱！你有一个和鲸鱼一样大的梦想！我们能实现愿望的！”

没错，我家的冰箱不仅重新起飞了，还从南极成功地把我带回了家。只是它耗尽了最后一丝力气，从阳台外跌跌撞撞地冲进来，“咚”的一声四脚着地后，就一点儿声息没有了。

我连忙帮它插好电线，不停地呼唤它。很长很长时间后，冰箱终于发出了微弱的嗡嗡声，它的温度显示灯也一点点亮了起来。

“你知道吗？我也有一个和鲸鱼一样大的梦想。”我边吃着冰激凌边说，“我的梦想是建设一个冰激凌农场！”

“那么，可以让我成为你冰激凌农场的员工吗？”冰箱不好意思地朝我吐着凉气。

就这样，我坐在冰箱旁边畅想着。令人高兴的是，冰箱的维修人员说，我家的冰箱很健康，再用上十年都没问题！

亮点解读

与前文所写的冰箱有一个和鲸鱼一样大的梦想，前后呼应。

写作方法：

这是一篇想象文，作者抓住了事物与事物之间的相同点，展开合理的想象，让人读起来不突兀。

作者档案袋袋：

段立欣，曾获内蒙古文学最高奖“索仑嘎”文学奖、冰心新人新作奖、第十三届中国新闻奖、第六届中国少儿报刊编辑一等奖等。

自幼喜好文学，9岁开始发表文章，初中毕业出版第一本个人童话书《种太阳》，同年成为内蒙古作家协会年龄最小的会员。其作品《向日葵名家成长系列:怪物游戏》于2021年出版。

解析范文线索：

苏佳琪总是被以同桌梁子轩为首的同学捉弄→梁子轩最近摔伤了腿，苏佳琪开始主动帮助梁子轩→在帮助梁子轩学习的同时，苏佳琪开始转变→苏、梁两人的互相帮助不仅让他们的关系得以改善，也让苏佳琪收获了成长

叫醒一个装睡的人

文/王朝群

无理取闹

指毫无理由地吵闹，故意吵闹、捣乱，突出同学们对苏佳琪的捉弄是没有缘由的。

"苏佳琪，别人都在为小升初努力学习，你还能睡得着吗？"数学老师又一次在课上叫醒了苏佳琪。

苏佳琪是六（1）班最胖的女生，她只有在班主任老师的语文课上不睡觉。数学、音乐、科学等课上，苏佳琪都是听一会儿，就把书打开往桌上一立，用头枕着胳膊睡大觉。就算是不睡觉的体育课上，她也会眼珠一转，今天哮喘犯了，明天肚子痛，以种种理由不参加活动。

苏佳琪虽然又胖又懒，却很介意别人说她胖。而同学们每到下课却爱**无理取闹**，来捉弄她。当上课爱打瞌睡的苏佳琪动作笨拙地追着那些挑衅她的同学时，周围总会聚一群好事的家伙。这些人里头，领头的是苏佳琪的同桌梁子轩。

所以，尽管已经做了好久的同桌，他们还是"敌我"关系。如果不是梁子轩骨折了，他们应该会继续每天斗争下去。

梁子轩的身体素质不错，也总爱在同学们面前显摆自己超群的滑楼梯技能。对他来说，擦伤胳膊和脸是家常便饭。不过这次比较严重，梁子轩摔断了右胳膊。

受伤了，梁子轩也就变得和善起来，不再嘲笑苏佳琪，也不再和她斤斤计较；而苏佳琪也察觉出了"病号"的可怜，当语数英老师把作业写在黑板上时，苏佳琪会帮梁子轩抄题目；梁子轩在收拾书包和做值日时，苏佳琪也在一旁给他帮忙。

渐渐地，梁子轩看苏佳琪的眼光变了，他不再是那个别人捉弄苏佳琪时，起哄声最大的人。上课时，只要苏佳琪有睡觉的迹象，梁子轩就用笔戳醒她。在梁子轩的认真监督下，苏佳琪的各科成绩都有了起色。

“同桌好棒，要是再瘦下来的话，班里的同学可要刮目相看啦！”梁子轩为自己能帮到苏佳琪而高兴，但又给苏佳琪提出了新要求。

同学们发现胖女孩苏佳琪变了，她不再睁着惺忪的睡眼看黑板，也不再满教室追赶嘲笑自己的人。再上体育课时，苏佳琪开始跟着大家参加活动。她胖，不能跟上节奏，就坚持一个人在操场上走圈。渐渐地，胖女孩苏佳琪变得苗条起来，可以像别的女同学一样，穿上好看的裙子了。

期末的心理健康课上，老师说：“我们今天以感恩为主题，说说生命中值得感恩的人和事。”梁子轩把手高高举起，发言说：“我要感谢同桌苏佳琪，我曾经捉弄过她，她却在我骨折的那段时间里，不计前嫌帮了我很多……”

其实，苏佳琪心里也一直想感谢一个人，只是，她不太习惯当众说这些话，所以她撕下一张纸认真地写下了一些字，写完后递给了同桌梁子轩。

梁子轩打开字条，看到上面写着：谢谢同桌，你叫醒了一个装睡的人！

佳句解析

字条的文字正好对应标题，不仅是对全文的总结、与文章标题相呼应，更是升华主题，给人思考。

阅读理解要点：

本文通过讲述一对同桌从“冤家”变成好朋友的故事，主要对两人之间的互动多做描写。在故事中，我们不仅能看到两个个性鲜明的少年形象，也随着他们之前关系的变化，时而皱眉，时而微笑，这便是记叙文的魅力所在。

解析范文线索：

学校发起捐款，乔鸣想用自己的压岁钱捐款→夹着压岁钱的课本被妈妈卖给收废品的阿姨→找不到夹着压岁钱的语文书→女孩发现课本中的钱，并还给乔鸣→乔鸣把压岁钱捐给灾区后决定去感谢女孩

课本里的压岁钱

文/马昇嘉

亮点解读

交代背景，因为要搬家，才会把课本卖掉，为下文写500元丢失事件作铺垫。

乔鸣家要迁去城东青江苑小区。今天，学校发动师生向灾区捐款，乔鸣不愿向爸爸妈妈伸手，过年时长辈给的压岁钱，他一分都没动呢。放学回家，乔鸣看到屋子被收拾得井井有条，墙角边大包小包码放得整整齐齐，只待装车搬迁了。忽然，他的目光集中到窗台上——那里空空如也。

“妈妈，窗台上的课本呢？”乔鸣焦急地问。

“上午卖给收废品的了。”

“完了，完了！”乔鸣急得直跺脚，“课本里有500元钱！过年时爷爷奶奶、叔叔阿姨给我的压岁钱都在里面！”

500元钱对乔鸣一家来说，可不是一个小数目呀。整整一夜，乔鸣翻来覆去睡不着。

第二天是星期六，早饭过后，屋外传来一声吆喝：“收废品——”乔鸣和妈妈急忙走出屋门。

“这位大嫂——”妈妈认出这人正是昨天收废品的中年妇女，“昨天你从我这里收走的那两捆书还在吗？”

“都卖到废品收购公司了。”中年妇女说罢，蹬着黄鱼车匆匆走了。

乔鸣来到废品收购公司，值班职工告诉他，所有的废旧书报都已经运往城郊纸浆厂了。乔鸣毫不迟疑，当即乘车赶往城郊。

在纸浆厂的化浆池旁，乔鸣看到成捆的书报、硬纸板堆得小山一样高，想要找到自己那两捆书谈何容易！他绕着“小山”走了一圈，幸运的是，没费吹灰之力就看到了那熟悉的封面，上面写着“鹿城实验小学五（1）班乔鸣”的字样。乔鸣**欣喜若狂**，可仔细找遍了那两捆书，唯独少了那本夹着500元钱的语文课本。

语文课本到哪里去了呢？乔鸣思来想去，觉得最可疑的就是那位收废品的中年妇女！

星期一早上，班主任徐老师把乔鸣叫到办公室，指了指办公桌上的课本，说：“乔鸣，你认识这本书吗？”

“这是我的语文课本，怎么会在这里？”

徐老师告诉乔鸣，课本是城东远景小学一位名叫孙丽英的同学送来的。那天中午孙丽英回家吃饭，发现妈妈收回来的旧课本里有500元钱，当即决定归还失主，今天一大早，她就按照封面上的地址，把书送到学校来了。

孙丽英的母亲就是那位收废品的中年妇女？乔鸣心里充满了愧疚和感激！

乔鸣从课本里找出那500元钱，郑重地交到徐老师手中，与此同时，乔鸣做出了一个决定：他要去远景小学找孙丽英同学，当面向她表示感谢。

欣喜若狂

这里指乔鸣发现自己的书还没有被化浆，欢喜得像发了狂，高兴到了极点。

佳句解析

愧疚是因为乔鸣误会中年妇女故意拿走了他的500元钱；感激是因为孙丽英细心地发现了500元钱并归还失主。

写作方法：

写记叙文，可以由一件事情构成，也可以由多个事件构成，每件事之间要有关联。本文属于第二种情况，由多件小事构成一个完整的事件。我们可以通过火车图来呈现，文章构思的时候，可以先把小事件罗列出来，再动笔写作。

乔鸣家要搬迁 — 学校发动捐款 — 乔鸣想用压岁钱捐款 — 夹有压岁钱的课本被卖 — 收购阿姨已卖给废品公司 — 书被废品公司运到纸浆厂 — 终于发现自己的两捆旧书 — 却没找到夹有500元的语文书 — 班主任将语文书送到手里 — 原来被女孩发现并送回

解析范文线索：

季飞驰家境不好，却喜欢将自己的家说得富有→季飞驰又吹牛时，吴晶晶戳破他→季飞驰写了一篇作文《泡沫》，向大家坦承了自己的虚荣

泡　沫

文/金朝朝

\- 1 -

季飞驰家境不好，这谁都看得出来。因为除了校服，谁都没看到他穿过别的衣服。还有，校服统一，可鞋没统一，所以，很多同学在鞋上花心思，追求限量版。

一次，叶重阳把一双自己穿不进去的限量版运动鞋送给了季飞驰，季飞驰捧着那双鞋，当时乐得嘴都合不上了。但那双鞋谁都没看到季飞驰穿过。

吴晶晶有次好奇地问时，季飞驰支支吾吾地说：“我……我不过是把它当成了礼物，再说了，我又不缺鞋啊！”

\- 2 -

季飞驰很瘦，平常蔫蔫的，只有吹牛时眼睛才放光。那天，季飞驰又开始吹牛说寒假他们全家去了国外。

吴晶晶不屑地说：“寒假时我明明在万达城看到你了！还有上次家长会，我妈妈跟你妈妈挨着坐，她们加了微信。那天我老妈跟我说，你妈妈在朋友圈低价转卖一双限量版的运动鞋。你为什么这么虚荣啊？”

季飞驰的脸一阵红一阵白，吴晶晶却不肯罢休：“季飞驰，你的白日梦能不能醒醒？”

教室里安静下来，半晌，大家听到了季飞驰的啜泣声。

- 3 -

在两星期后的一堂作文讲评课上，老师对大家说："这次的作文题目是《泡沫》，我认为季飞驰写得最好，请他为大家读一读。"

季飞驰拿着作文本，站在全班同学面前开始读：我是个满嘴"跑火车"的人，我的同学们都知道这事，但他们都没揭穿我。因为没人揭穿，我便一再地编我的故事。于是，那些故事像泡沫一样越堆越多……

其实我只是个普通人家的孩子。我爸得了风湿，不能干重活。我妈开了间小小的杂货铺。之前叶重阳送我的那双鞋我真是喜欢，但我妈说："咱们这种人家，哪是穿这种鞋的，我帮你卖了！"她把鞋拿走的那一刻，一个巨大的泡泡在我面前碎掉了。夜里，我蒙着被子哭了好久。

但我还是那个爱吹牛的男生。直到吴晶晶戳破我吹出的所有泡沫……她说得没错，穷有什么可丢人的，丢人的是虚荣，是一层一层往自己身上堆泡沫。

现在，泡沫没了，我这样真实地面对大家，这种感觉，真的很美好！

季飞驰写得太感人了，同学们都听得**泪水盈盈**。

佳句解析

运用了比喻的修辞手法，把季飞驰吹的牛皮比作泡沫，生动形象地写出了那些谎话一戳就破，不易长久。

泪水盈盈

这里指同学们被季飞驰的真诚感动得眼睛里充满了泪水。

阅读理解要点：

本文写了家境不好的季飞驰喜欢在同学们面前吹牛皮，最终被吴晶晶戳破，醒悟之后写了一篇作文，坦承自己的虚荣，知错就改。

写作方法：

本文的题目采用了比喻的修辞。用泡沫来形容季飞驰鼓吹自己家境富裕，那些说出去的谎言跟吹起来的泡沫一样，一戳就破，不易长久。我们在拟作文题目的时候，也可以尝试运用比喻的修辞，这样会使题目更生动形象。

思考与练习

1.你曾因为虚荣心向同学们撒过谎吗？从季飞驰身上你学到了什么？

2.文章标题的"泡沫"指的是什么，这样取标题的好处是什么？

解析范文线索：

期中考“我”排在班级第四→回家心情不好，母亲得知原因，母亲认为没得第一很正常→“我”愈加生气，母亲教育“我”遇事要有平常心→“我”明白了道理

凭什么第一名是你的

文/刘世河

佳句解析

连用一串表示心情的词，表达了知道成绩那一刻的复杂心情。

来龙去脉

这里指妈妈问清楚了“我”情绪不好的前因后果。

11岁那年夏天，我的期中考试成绩很不理想，居然排在了班级第四名！要知道在这之前，不管大考还是小考，我一直是稳居全班第一的。从老师宣布成绩的那一刻起，我的心情便一下子跌到了谷底，气愤、郁闷、嫉妒一股脑儿地涌上心头，但更多的还是不甘。

放学回家后，我径直躲进了里屋，关上门，忍不住趴在炕上抽泣起来。

母亲当时正在院子里洗衣服，见我苦着一张脸直接就回了里屋，起初还以为是我在学校跟同学打架了，便赶紧起身，湿着双手追进来问我：“跟谁干仗啦？因为啥呀？”

当问清楚事情的**来龙去脉**后，母亲并没有安慰我，她先是看着我愣了一小会儿，接着便用很严肃的语气对我说：“凭什么第一名就非得是你？”说完这句话，母亲撩起系在腰上的花围裙擦了擦手，转身就回到院子里继续干活去了。

痛失“第一”，又遭到母亲的质问，我越想越气，禁不住在心里暗暗埋怨母亲。饭桌上，见我余怒未消，母亲问我：“这会儿你是不是特别恨得第一名的那个同学？”

我一看母亲终于向着我说话了，赶紧答道：“是的，但我更恨自己不争气。”

“人家刚得了一次第一就招你恨了，这几年你一直得第一，岂不被全班同学恨死了！孩子，谁得第一都不能恨，要

祝福人家才行。”

“第一本来就是我的！我为什么要祝福他？”我不服气地嘟囔着。

“这第一名你们班里所有的同学都有可能并且有权利获得，怎么就是你的呢？”母亲分明有些生气了。

“我一直都是啊！”我依然不服。

“一直都是，那不代表永远都是呀！”母亲一边给我夹菜，一边接着说，“孩子，争取考第一固然没错，但不能为这个‘第一’所累，就因为得过几次第一便认定第一名就独属于你了，这未免也太霸道了吧。不管做什么事，有一颗平常心很重要，赢得起，也要输得起，何况没得第一也并不是输啊，你只要平时刻苦学了，考试时认真答卷就行了，得不得第一其实没那么重要。”

母亲一席话说得我脸上烫烫的，也让我渐渐明白了一个道理：人生境遇种种，起起伏伏，没有永远的第一，凡事只要用心去做，努力了，得不得第一，真的没那么重要。

亮点解读

用道理作为结尾，留给读者思考的空间。

阅读理解要点：

本文写了“我”期中考试失去了第一的宝座，只得班级第四，回家后向母亲倾诉，母亲却不以为然，并对“我”循循善诱，让“我”懂得了得不得第一不重要，凡事用心去做最重要的道理。

写作方法：

用对话描写推进情节的发展是本文的亮点。本文的故事情节，大半部分是靠母子二人的对话来推进的，这也是推进故事情节发展的一种方法，我们在习作中也可以尝试运用。

思考与练习：

1.你得过第一名吗？得到第一名后你是为此高兴还是因为害怕保不住第一名而担忧？

2.你怎么理解“没有永远的第一”这句话。

解析范文线索：

骆泽把朱盾介绍给夏纱，二人成了笔友，在与夏纱通信的过程中，成绩进步→骆泽来到落星小学寻找夏纱，得知夏纱患有小儿麻痹症，是借夏河的学号交笔友→骆泽被夏纱与朱盾的友谊打动了，也想交一个笔友

说谎的信

文/两色风景

骆泽在今天早上收到一封信，一封寄给“天马小学六（1）班41号”的信。

骆泽就是那位“41号”。信上的内容大概是：落星小学六（1）班41号品学兼优的夏纱想与骆泽交笔友。

骆泽冒出了恶作剧的念头：把朱盾介绍给夏纱。

“喏，信的结尾说如果我没时间与她通信，可以介绍我的朋友给她。”朱盾是班里唯一成绩排在骆泽之后的人。

朱盾将那封信反复读了几遍，然后跑去小卖部买了一本漂亮的信纸……

让骆泽没想到的是，朱盾与夏纱竟正儿八经地交起了笔友。

这天下午，骆泽从朱盾的书包里将一封写好的信偷偷拿了出来，找了个地方拆开。夏纱在信里说自己热爱运动，朱盾竟大言不惭地对夏纱说：上次考试我是全班第七……

朱盾与夏纱成为笔友的第三个月，夏纱单方面中断了通信。骆泽得意地走到朱盾座位旁，说：“她肯定识破了你的谎话。”

朱盾的眼圈竟然红了，轻声道：“我并没有全部说谎。”

在朱盾的课桌上，有一张65分的考卷。自从与夏纱成为笔友，朱盾的学习成绩提高了不少。倒数第一的位置，现在

被骆泽牢牢占据。

星期五下午，骆泽走进落星小学六（1）班寻找夏纱，却意外得知，这里并没有夏纱，而41号同学名叫夏河。

夏河告诉他，夏纱是他的姐姐，患有小儿麻痹症，从小到大只能在轮椅上生活。她最感兴趣的，莫过于学校里的那些体育活动……

“最近，我们学校流行起交笔友。我告诉姐姐后，她很感兴趣。”夏河对骆泽笑笑，“所以我就让她用我的学号来交笔友……但话说回来，开始通信之后，姐姐整个人变得**爽朗**多了。她本来不愿意去户外，但现在经常去。问她为什么，她说，感觉自己一直在欺骗朋友，所以无论如何，希望让自己离信中虚构的形象近一点儿。”骆泽听着这些，一句话也说不出来。

夏河还说：“前阵子姐姐去外地治疗，不能写信。昨天回来，收到了朱盾写来的很多信，其中有一封，朱盾写到他其实是一个一无是处的差生，但他也说了自己最近取得的进步……姐姐告诉我，她也要在这次的回信里向朱盾坦白自己的情况。”

骆泽离开落星小学的时候，忽然产生了一股冲动：他想跟朱盾一样，交一个笔友。

爽朗

这里指夏纱在朱盾的鼓励下，变得开朗起来。

佳句解析

骆泽被夏纱和朱盾交笔友互相激励进步的事所打动，也激发了他上进的一面。

阅读理解要点：

题目叫作“说谎的信”，乍一看，读者会以为肯定是一个不美好的故事。没想到读下来，却发现，原来是一次不经意交笔友的机会，让两个原本觉得自己很差劲的人，在信中向对方塑造了一个理想中优秀的自己，并在现实中也激励着两人朝着优秀的方向努力，变得越来越好。

写作方法：

情节的一再反转是本文的亮点，刚开始阅读的时候，我们以为与朱盾通信的夏纱真的是落星小学六（1）班的41号且品学兼优，没有想到原来另有其人，且对方患有小儿麻痹症。情节的反转和故事的美好，让读者阅读的时候像坐过山车一样，跌宕起伏，不亦快哉。

解析范文线索：

曲奇想不出门就可以看到美景→麻咪挥舞魔杖，让曲奇的目光会拐弯→上课时，曲奇操纵目光遨游千里，却收不回来了→麻咪帮助曲奇把目光找回来→经此一遭，曲奇更愿意用双脚去自己想去的地方

我的目光会拐弯

文/黄振寰

曲奇懒懒地躺在家里的地板上问麻咪："有没有不出门就可以看到美景的办法？"

麻咪对着曲奇挥舞了一阵魔杖，然后满意地说："从现在开始，你的目光会拐弯啦！遇到障碍物的时候，你只需要把你的目光想象成一条蛇或一条小溪，让它绕到障碍物后面去就好！"

曲奇坐在原地凝视着墙壁，努力调动起想象力。渐渐地，他感觉自己的目光仿佛一条窄窄的溪流，绕过墙壁，向前一路流淌。

佳句解析：运用了比喻的修辞手法，把目光比作窄窄的溪流，生动形象地写出了目光会拐弯，会流淌，很灵动。

但很快，曲奇就犯了难："麻咪，怎么把目光收回来呀？"他原本以为闭上眼睛，目光就算回来了，可事实并不是那样。

"这同样需要运用想象力。你把目光想象成放出去的风筝线，你拽着它，一点点地往回收。"

曲奇尝试着那么做，感觉就像是把一部电影倒过来播放，所有的景物纷纷倒退。

第二天语文课上，曲奇忍不住操纵目光绕过黑板，绕过墙壁，肆无忌惮地逛着自己没去过的地方。

"曲奇！"白老师的声音忽然响起，"你来念第一段。"

白老师的点名让曲奇一个激灵，猛地坐直了身体。可

是，他的目光此刻正在千里之外的河里遨游呢！

曲奇一边慢吞吞地站起来，一边想赶紧把目光往回收。该把目光往哪个方向收？他让目光从河里出来，才发现四周都是陌生的建筑。他迷路了！

曲奇根本看不见课本！他的手在课桌上胡乱地摸，还把书给碰掉了！

麻咪立刻意识到发生了什么事，她举手说："老师，曲奇的眼睛不舒服，我带他去医务室！"说完也不管老师同不同意，拉着曲奇就跑出了教室。

"你是不是看到了什么人生地不熟的地方？"麻咪问。

"是啊是啊，我找不到回来的路了！"曲奇欲哭无泪。

"别慌，你先告诉我，周围有什么标志性的东西？"

曲奇左顾右盼："我看到了一朵香蕉形状的云！"

"好，你盯紧那朵云，我去找！我们用心灵感应保持联络。"麻咪骑上扫帚，飞上天空，开始搜索起符合条件的云朵来。

终于，曲奇欢天喜地地叫起来："麻咪，我看到你了！"

"好，让你的目光跟上我，我带你回去！"

就这样，曲奇"**流离失所**"的目光回来了，他看到了天马小镇，看到了天马小学，看到了自己！

这件事之后，曲奇不再整天宅在家里用目光探路，而是用双脚去自己想去的地方。

流离失所

本义指漂泊流浪，这里指曲奇的目光在外面走失了，找不到回来的路。

阅读理解要点：

是读万卷书行万里路，还是足不出户却能行走万里？你更喜欢哪种方式去探索世界？文中的曲奇用这么独特的方式去探索外面的世界，然而探索一番后发现，还是用自己的双脚行走万里，来得有趣啊！

解析范文线索：

参加完作文大赛颁奖典礼的学生坐火车返程→火车上一位年轻男人对窗外的风景很新奇→年轻人的父亲解释儿子是第一次看见这个世界

火车上的“考试”

文/慕　榕

亮点解读

把一个二十岁出头的年轻人，初次见到这真实的世界的心理活动，刻画得细腻而真实。

大放异彩

这里指老人因为儿子的眼睛能看见而精神焕发。

那天，我带着王东和赵晓斌参加完全市小学生现场作文大赛颁奖典礼后，坐上了返程的火车。上车后，我们很快找到各自的位子坐了下来。

就在这时，车门边挤进来一老一少两个男人。老的六十岁上下，满头大汗，很难为情地朝列车员点头；年轻的二十岁左右，长得眉清目秀。听他们的对话应该是一对父子。

“哇！爸，您快看啊，有好多小鸟飞起来了，还有……还有云朵也在飞呢！飞机……那是飞机吗？”年轻人伸手指着窗外，兴奋地叫了起来。

“是啊，孩子，你再看……那是桃花，好漂亮的桃花！”老人顺着儿子手指的方向望去，高兴地说。

“哎！晓斌，那人好奇怪啊！”王东凑到赵晓斌耳边，小声地说道。

赵晓斌说：“是啊，我也觉得奇怪，看那人的样子应该比咱们大，难道他连相对运动的道理都不懂吗？”

对年轻人的举动，我也感到好奇，窗外那些再平常不过的风景，在他看来却是如此神奇而新鲜，他就像一个孩子一样，难以抑制内心的激动和兴奋。这是为什么？

老人转过身来，发现我正看着他们，立马露出尴尬的表情，欲言又止。王东和赵晓斌的窃窃私语，更让老人无地自容，他那原本**大放异彩**的眼睛，瞬间黯淡了下来，脸上的肌肉也变得僵硬了。

火车出了隧道，眼前亮堂起来，年轻人还唱起了歌。我侧过身去问老人，孩子是不是生了什么病，车厢里却突然响起了列车员报站的声音，我们到站了。

我们站起身来取下行李，往出口处移动，忽然，老人来到我身边对我说道："先生，对不起，我儿子打扰到你们了！"

我连忙摆手，低声问道："老人家，您儿子……"老人摇了摇头，微笑着说："先生，您可能误会了，我儿子挺好的。只是……以前他的眼睛看不见，我们刚从医院回来，这是孩子第一次睁开眼睛看世界。"

听完老人的话，我震惊了。我不知道自己是怎么下车，怎么走出车站的，只觉得脸上一阵阵火辣辣地疼。来到站前广场，找到一条长椅，我示意王东和赵晓斌坐下歇会儿。

"你们知道吗？就在刚才，坐在咱们对面的那位老人告诉我，他的儿子刚刚做完眼部手术，失明了二十年的他，今天是第一次看见这个美丽精彩的世界……孩子们，咱们误会了那个大哥哥啊！"

王东和赵晓斌低下了头。许久，王东才嗫嚅道："老师，火车上的这场'考试'，我们不及格。"

"是啊，作文大赛我们得了一等奖，但是这场火车上的'考试'，我们不及格啊！"赵晓斌说。

"孩子们，惭愧啊，老师也一样！"回家的路上，我们三人谁也没有再说话。

佳句解析

和开头参加作文大赛颁奖典礼相呼应，也照应了题目，写出了两个孩子因不了解实情而窃窃议论的惭愧之情。

写作方法：

本文的"考试"内涵丰富，一方面指参加作文大赛真实的考试，一方面指在火车上遇到的考验人性善良与否的"考试"。把事件和心情变化交织在一起写，是本文的亮点之一。我们可以用"心情—事件"坐标图来呈现文章的写作思路。我们平时在构思文章，列提纲的时候，也可以采用坐标图辅助写作。

解析范文线索：

鬼爷爷的早餐店关门了，青奶奶失去了工作，哮喘愈加严重→青奶奶拒绝去医院，病情加重→张大婶请“我”走夜路去请三里远的满兴过来给青奶奶看病→“我”怀着恐惧走夜路→抱着一定要请到满兴给青奶奶看病的信念，“我”战胜了恐惧

走夜路

文/徐　玲

自从鬼爷爷的早餐店关了门，失去工作的青奶奶就变得沉默寡言，哮喘也越发严重起来。

“我们去医院吧，青奶奶。要是不去，病恐怕很难好起来。”我**担忧**地望着她。青奶奶一个劲儿摆手，看她拒绝得那么坚决，我以为过两天病情会有所好转，谁知并不是这样。

一个细雨绵绵的晚上，青奶奶病得更重了。我**慌张**地跑去敲隔壁拿木家的门。张大婶跟着我跑到青奶奶床前。

“不行啊，喘得太厉害，得赶紧送医院。”张大婶说。

青奶奶无力地摇头：“叫满兴……把满兴……叫来，他能治我的病……”

满兴是村卫生所的老医生，平时青奶奶吃的药都是他开的。满兴家就住在前村，跟我们村隔着三里远的麦田。我去他家帮青奶奶拿过药。

“哎呀，这会儿拿木正好不在家，住到镇上姑姑家去了。”张大婶对我说，“当当，我在这儿守着你奶奶，小孩子走路快，你赶紧去满兴家，把奶奶的病情告诉他，请他马上带着药箱过来一趟。”

走夜路？一个人？我**站在那儿不动**。

“还不快去！”张大婶喊道。

我**一愣**，拔腿往外跑……

亮点解读

通过一系列心理活动描写词，将“我”的内心活动展现在读者面前。

没有风，没有亮光，只有阴冷的雨丝和黑黢黢的树影，间或几声嘶哑的狗叫，还有密密匝匝的喘息和“咚咚咚”的心跳声。我努力睁大眼睛，却什么也看不见，每走一步，都似乎撞到了一堵黑色的墙，仿佛跨进了怪兽的大嘴巴，越陷越深……恐惧像潮水一样围拢过来，我紧张得不能呼吸，不能说话，腮帮子直哆嗦，脚仿佛踩在云朵上。想跑快一点儿，却担心迎面碰到什么东西；想走慢一点儿，又感觉身后有什么在追……

天哪，快要走到村口的老银杏树下了！12点喜欢抓小孩的小巫婆，我跟你说，我不是做坏事的小孩，我是青奶奶收养的好孩子巫当当，你别来抓我去梅爪星摘花……

多希望天空忽然**豁开**一道口子，变得明亮起来，让一切围绕着我的阴霾和鬼气统统消散，哪怕有一丝小小的烛光，萤火虫微弱的光亮，在我眼前摇晃一下，我也会幸福得哭泣。

不，青奶奶，我要给您幸福！那么，我一定一定不能怕黑，一定一定要把满兴医生给您请回去。

想到这些，我用力吸口气，挺了挺脊梁，抬了抬下巴，觉得自己瞬间长大了。我迈开大步，勇敢地从老银杏树下奔跑而过……

我知道，只要转过弯，进入前村，就会告别黑暗，就会有隐隐的灯光照亮我的眼睛。这一刻，我的心中充满幸福。

这是我第一次一个人走夜路……

佳句解析

运用了比喻的修辞手法，把恐惧比作潮水，生动形象地写出了“我”被恐惧包围的无助感、紧张感，也为下文克服恐惧作铺垫。

豁开

这里指打开。表现出急切想要看到光亮的心情。

阅读理解要点：

爱可以战胜恐惧，在这篇文章中，我们可以看到这样的力量。想帮青奶奶请医生治病的爱，战胜了“我”对黑夜的恐惧。也让我们看到了淳朴善良的乡里邻居。

写作方法：

这篇文章从头到尾贯穿了“我”丰富的心理活动变化。担忧—慌张—愣住—恐惧—勇气—幸福，有些是直接点明心理活动，有些是通过动作描写可以揣摩出人物的心理，有些是通过内心独白看出人物的心理等。我们在写作文的时候，也可以尝试变换不同的手法来表现人物丰富而细腻的心理活动变化。

解析范文线索：

“我”在猎手镇捕星星，路上救了女孩小灿→“我”想捕星星让爷爷的病好起来→小灿主动变成星辰花，救了爷爷→爷爷告诉“我”不要忘了小灿

最后一颗星星在哪里

文/洛　落

波涛起伏

这里指蓝色的花朵很多，像浪涛一样随风起伏摇摆着，很是壮观。

我越走越困惑，猎手镇什么时候还有一条这样的小路和这样一个神奇的地方：只见前方好像一轮圆圆的月亮，躺在蓝色海洋的怀抱里睡着了。走近一些，才发现那个圆圆的东西是如月亮一般的花朵，周围如蓝色海洋一样**波涛起伏**着的是一朵朵蓝色的花儿，简直让人挪不开眼。

“那是星辰花和月亮田哦！每一颗星星陨落，世界上就会多一朵星辰花。”小灿说。

小灿是作为捕星人的我在捕星星的路上救的小女孩，她的脚受伤了，我要把她送回家。

小灿忽然没头没脑地问了一句：“小山，你也会去捕星星吗？”

“听说捕到星星就可以实现愿望，我……我想捕到星星，让病床上的爷爷好起来！爷爷是这个世界上最疼爱我的人……”我没有说下去。

小灿静静地看着我，眼神里充满了安慰：“我知道，我从小没有朋友，只有哥哥陪着我。他会跑遍整座森林寻找露珠，为我做最好喝的晨风露。可是去年他上山为我采集露珠时

失踪了，再也没有回来。我很想他……”小灿的眼眶有些红。

我轻轻拍了拍小灿的肩，给了她一个温暖的笑容：“如果你愿意，可以把我当作你哥哥。”

回家翻阅了有关捕星的书后，我基本能够确定：月亮田就是星星们所在的月亮谷！而小灿就是月亮谷里的最后一颗星星。我的理智告诉我，我也许错过了捕获月亮谷最后一颗星星的机会，但是我并不后悔。

日子一天天过去，爷爷的病越来越严重了。我终究还是上了路。找了一天一夜，衣衫单薄、饥寒交迫的我终于支撑不住，晕倒在地上。不知过了多久，一丝温暖的黄光渐渐靠近，我揉了揉眼睛，是小灿。

第二天早晨，我揉了揉惺忪的睡眼起床，小灿早已没了踪影，身旁只有一朵星辰花和一张字条：

小山哥哥：

谢谢你一直以来对我的帮助和照顾。月亮谷已经暴露，猎手镇的人们很快就会找到这里。哥哥，你的爷爷也是我的爷爷，这是我唯一能够做的事了。希望你会永远记得我。

我慌了，一声又一声的呼喊回荡在月亮谷，却始终没有任何回音。我知道，小灿再也回不来了。我看着手上的星辰花，忍不住流下泪来，后悔、内疚、伤心一起涌上心头。

佳句解析

“我”在月亮谷不断地呼唤小灿但得不到回应，委婉地写出小灿已经陨落的事实。

阅读理解要点：

爱出者，爱返。小山在捕星星的路上救了小灿，知道了小灿是月亮谷最后一颗星星，却不因错过她而后悔。这份温暖感动了小灿，也让小灿用爱来回报小山，主动陨落，救了小山的爷爷。

写作方法：

这篇文章用了问句的方式来拟题目。“最后一颗星星在哪里”，看到这个题目，会引起我们的好奇和思考，吸引着我们往下阅读。我们在拟题目的时候，也可以尝试用问句的形式。

写作小锦囊

写校园的思维导图

爸爸绑架了安徒生

文/王立春

因为期末要考试
我连看会儿书都不行
看一眼书柜上那个空位子
爸爸是你绑架了
我的安徒生
爸爸你把我的朋友
关押在了哪里
你会残忍地虐待他吗
你要求赎出他的条件我知道
就是我两门功课的
100分
丑小鸭哀求着拽你的裤脚
美人鱼无声的眼泪也换不回你的同情
拇指姑娘在用力掰你的手指
坚定的锡兵向你挥舞手中的剑叉
这一刻
我认为你是
世界上最残忍的绑匪
你明明知道
他们和我一起长大
你明明知道
我离不开他们
爸爸你是不是真的不懂
没有想象力的童年
考再多的分也成就不了伟大

解析范文线索：

家里钥匙放一把在邻居二奶奶那里→“我”回家没找到鸡蛋，妈妈猜测可能是二奶奶拿走了→二奶奶解释拿去孵了小鸡→原来那20只小鸡是二奶奶攒了蛋孵的，而自家的20个鸡蛋是妈妈记错了地方

20个鸡蛋

文/沂　河

亮点解读

交代背景，为下文写20个鸡蛋丢了，怀疑是二奶奶拿的情节作铺垫。

小时候，我家里承包了一片果园，果园离村子有10里的山路，每到春天，爹妈就领着一家人远离村子，住到果园里。家里大门的另一把钥匙放在邻居二奶奶那儿，有谁回家忘带钥匙，去拿也方便。这也是一种信任，一种乡邻之间最真挚朴实的感情。

家里有20个鸡蛋，妈说放在做饭用的筐子里，让我回去拿。可是等我下午放学后回家，把整个家都翻遍了，也没找到。后来，我偷偷听妈跟爹说，家里的那20个鸡蛋，可能让二奶奶拿去了。当时我想：二奶奶70多岁了，身体不好，爹妈一直很照顾她，她怎么能做出这种事？

秋天，苹果丰收了，也是我们一家人从果园搬回村的时候。回村的第二天，妈指着一筐又红又大的苹果说：“去，给二奶奶送去。”

“她拿了咱的鸡蛋，让狗吃了也不给她。”听了妈的话，我随口回了这么一句。不过，我最后还是妥协了。二奶奶见了我很高兴，她从枕头底下摸出两块糖，朝我递过来，说：“知道这几天你们要给我送苹果，早准备好了。拿着，可甜了。你爹妈都回来了吧？等忙过这几天，让他们来一趟，俺有事找他们。”

“没什么别的事，俺先走了。”我嘴里应付着，人开始往外走。至于二奶奶说让爹妈去她家一趟的话，没到家我就忘得一干二净。

两天后，我正在家做作业，二奶奶拄着拐杖艰难地来到了我家。从二奶奶的叙述里，我们知道了，就在我们到果园住的那些日子里，二奶奶有一次到我家拿镰刀用，看到筐子里有20个鸡蛋，知道我们一时半会儿回不来，怕时间长了，鸡蛋坏了，正好她家里的一只鸡趴窝，她就把那20个鸡蛋拿去孵了小鸡。我像听天书一样，羞愧得满脸通红，没想到二奶奶这么义气。二奶奶的身子骨不好，自己照顾好自己都做不到，还为我们侍候这一窝小鸡崽，那得费多少心血啊！

第二年开春，已经长足身量的小鸡随着我家去了果园，在果园里吃虫子，吃草种子，很快都长得**膘肥体壮**了。有一天，妈挑最大的那只公鸡杀了，煮好了，特意让我回村给二奶奶送去。可是我赶回村子时，二奶奶刚刚咽气。

给二奶奶送丧的路上，妈哭得死去活来。在妈断断续续的哭诉中，我知道了一个秘密：就在我家再一次准备搬到果园住时，妈在家里找到了早已变质的20个鸡蛋，原来她记错了地方，把鸡蛋放到玉米筐后，顺手挂到了堂屋的房梁上。当二奶奶听村里人说我们回家找不到鸡蛋了，而只有她有我家的钥匙，她就攒了鸡蛋，估摸着我们一家快从果园搬回村时，孵了一窝小鸡。

佳句解析

像听天书一样，写出了“我”的不敢置信，为误会了二奶奶而感到羞愧。

膘肥体壮

这里指小鸡被养得肥壮结实。

亮点解读

文章最后揭示真相，妈妈因为误会二奶奶而惭愧不已。

写作方法：

文章围绕20个鸡蛋展开情节的叙述。20个鸡蛋也是贯穿全文的线索。情节的一再反转是本文的亮点之一。妈妈放在筐子里的20个鸡蛋没了，而邻居二奶奶有“我”家的钥匙，所以妈妈怀疑是二奶奶拿了。二奶奶也主动现身，说是拿了20个鸡蛋去帮我们孵小鸡去了。后来才发现，那丢的20个鸡蛋，原来是妈妈放错了地方，而孵出小鸡的20个鸡蛋，则是二奶奶为了打消我们的疑虑，自己攒的。

解析范文线索：

弟弟被父亲抓到在孙家吃猪肉→父亲打弟弟，弟弟说他想吃猪肉→父亲出去借钱，受了风寒感冒了→姐姐为了给家里省钱，大雪天带着“我”去池塘边钓鱼

1978年的雪

文/葛　闪

那年冬天，大雪在苏北大地上空足足折腾了好几天。眼看春节将近，我家还是像外面的天气一样，每个人心里覆盖着一层厚厚的雪。

弟弟被父亲抓到时，正在孙家**大快朵颐**。孙家做杀猪营生，是村里的大户。孙家的福柱和弟弟玩得特别好，经常把东西往弟弟手里塞。

父亲把弟弟抓回来，边用藤条抽打边骂：“你想吃猪肉想疯了，居然去给人家卖体力。你说，咱家祖宗的面子，是不是都让你丢光了？”

弟弟哭着说：“猪肉确实好吃嘛。你都说三年了，我们全家还是没吃着猪肉。”

我家本来就一贫如洗，自从三年前母亲生了病，更是雪上加霜。父亲听后瘫坐在地上，说：“今年，我一定让你们吃上肉。”说完冲出家门，消失在一片银白之中。母亲知道，一辈子不肯低头的父亲定是出去借钱了。

直到夜幕降临，父亲才**脸色铁青**地回来。刚进屋，父亲把我们三个朝怀里一搂，“呜哇呜哇”大哭起来，大声说自己没用。那一刻，我们知道，想吃顿带肉的年夜饭的愿望又泡汤了。或许是父亲去借钱时受了风寒，第二天他就感冒了，烧得满脸通红，一向刚强的父亲主动说扛不住了，要去医院。医生说，是重感冒引发的急性肺炎，需要住院几天。

亮点解读

从环境描写开头，开篇点题又把我们的心情比作外面的天气，生动形象地写出了大家心里的寒冷。

大快朵颐

大吃大嚼，痛痛快快地大吃一顿。

脸色铁青

可以想见父亲在外没借到钱，受到的委屈和挫折。

母亲身体不好，我们又小，只好告知亲朋好友，希望过来帮忙照看一下。

那是我们看到亲戚最多的一次。虽然大家都穷，但依照惯例，来医院瞧病人不能空手，条件好点的，还会给上一两块钱。出院时，收拾好东西，母亲数了数钱，除去住院费，还剩一些。

大年三十前夕，大雪依然纷纷扬扬。父亲将我们召集到一起，问想吃什么，明天是年前最后一次逢集，都给买回来。

下午，姐姐带着我，偷偷跑到离家一两公里的村西池塘边钓鱼。雪继续肆虐，或许是上天垂怜，我们钓了一下午，天黑的时候，终究还是钓到一条大鱼。因为兴奋，我几乎从冰面半滑行到岸。可双脚刚踏上岸，就听到身后一声惊呼，姐姐瞬间掉进了河里。我把鱼朝地上一放，就要扑过去。姐姐喊着："鱼跑了，鱼跑了。"我再回头一看，岸上的鱼眼看要挣脱渔网，跳回河里。我转身扑了过去，把鱼死死压在身下。

姐姐懂水性，几番挣扎后，终于爬上岸，抱着我哭起来。姐姐说，钓到鱼，家里就省了一笔钱。我不解地问："亲戚们留下的钱也不少，何必天寒地冻找罪受？"姐姐说："不是缺不缺一条鱼的事，而是能为家里做点什么，这样既省钱也心安。"

生活呀，就是这样充满迷幻，获得的背后不仅有汗水，更有泪水。

佳句解析

写出了饱受生活磨难后的心酸和无奈。

写作方法：

本文用了环境特点作为题目，围绕雪，全文多处渗透这样的环境描写，既写出了天气的冷，环境的恶劣，也写出了我们一家人心里的寒冷和战胜寒冷的勇气。

写文章的时候，环境描写可以很好地渲染气氛，衬托人物的心情，塑造人物的形象，以及凸显文章的主题。而文章多处使用环境描写，可以起到反复强调，叠加渲染的效果。

解析范文线索：

春游快到了，“我”催促妈妈去超市买零食→妈妈抱怨“我”吃垃圾食品→“我”认识了唉唉树跟树精抱怨妈妈→回家发现妈妈不见了→“我”的眼泪让一枝唉唉条变成了星星，解除了魔法

唉唉树上的星星

文/杨欣妍

要不要失去妈妈三年呢？我觉得这是天底下最难最难的选择题，事情还要从一年一度的春游日说起。

> **亮点解读**
> 开头采用了倒叙的写法，引发读者的好奇和思考，吸引读者的阅读兴趣。

春游日前夕，我又跟妈妈吵架了，原因和之前无数次一样。

从三天前开始，同学们就麻雀似的议论起春游的事儿，好不容易熬到日子，我一写完作业便兴奋地叫起来：“妈妈，我们该去超市了，明天春游，同学们买了好多零食，我也想买。”

“唉，又要吃一大堆垃圾食品了。别人吃零食你要买，别人考双百你怎么不考呢？唉……”最后一声“唉”拖着长长的尾音，我像霜打的茄子垂下了脑袋。不买就不买，我气鼓鼓地一溜烟儿跑出了家门。

> **佳句解析**
> 运用了比喻的修辞手法，把“我”无精打采的样子比作霜打的茄子，生动形象地写出了妈妈不给“我”买零食又唠叨“我”后的沮丧心情。

跑啊跑，不知不觉，我跑到了小时候妈妈常带我来的东边的树林里。

“咚咚咚……”我气得捶了几下身边的树，突然，空无一人的身后竟然传来了快乐的笑声：“哎哟，站得腰酸腿疼，捶一捶好舒服。”

我惊讶地转过身：“是谁……”话说了一半便卡住了，我面前的那棵树，扭动了几下身子说：“我是个被罚站在这儿的树精。”

“被罚站？树林里又没有老师。”我好奇极了。

“因为我实在是太爱叹气了，树神就罚我变成一棵不能动的唉唉树，我的辫子叫唉唉条，悄悄告诉你，这些树枝啊，全是喜欢叹气的人变成的。”

“原来如此。”我点点头，“我妈妈也这样。为什么她没有变成唉唉条？这样我的耳朵就能清净很多……”我**心烦意乱**，跟树林深处的树精说了很多话。我已经记不清我到底说了什么，总之，当我疲惫混沌地回到家，原先总是被妈妈的叹气声填满的家，突然冷清得让我有些不习惯。

我猛地清醒过来，唉唉树的话灵验了，妈妈因为我要做上三年的唉唉条，不能动也不能说话。我越想越害怕，我拔腿往树林深处跑去。我使劲儿摇头，抱住唉唉树的枝干呜呜哭起来。“她是我妈妈，不是唉唉条，我不要她在这儿待三年，我爱她。”泪珠顺着我的面颊落在一枝唉唉条上，“啪”的一声，那枝唉唉条竟然自己卷成了一颗星星。

“你找到解除魔法的方法了！”树精激动得不停地抖动彩色辫子，“树神罚我站在这儿时曾说，如果有人能把唉唉条变成星星，魔法就会解除。会对你叹气的人就会变回来。”

我的脸红了，其实，我只想抱怨一下而已。我猜做了小半天的唉唉条，妈妈已经下定决心改掉叹气的毛病了吧？那么，我会考虑见到她时，给她一个大大的温暖的拥抱。

心烦意乱

这里指“我”积攒了对妈妈平日唠叨的厌烦。

写作方法：

这篇文章采用倒叙的写法，把事情可能导致的结果放在开头部分来叙述，再按照事情发展的先后顺序写，发生了什么事，以至于会失去妈妈三年？引发了我们的好奇，吸引着我们继续往下阅读。

解析范文线索：

“我”坐上去乡下的车找妈妈→“我”看到了妈妈简陋的工作环境和菊儿姐姐→“我”嫉妒妈妈对菊儿姐姐好→“我”得知菊儿姐姐和奶奶相依为命，是妈妈帮助了她们→“我”不再吃醋，愿意妈妈也做菊儿姐姐的妈妈

把妈妈借给你

文/李桂芳

昨晚一夜惊雷，吓得我不敢闭眼，直到现在，脑子里还轰隆隆响着。我实在受不了了，我要去找妈妈！

于是我坐上了去往乡下的汽车。汽车穿过小城拥挤的街道，驶进乡村，然后慢慢地转过一道又一道山弯，最后终于疲惫地停下了。

事先接到电话的妈妈早已站在路边等我，我一下车就扑到她的怀里：“妈妈，妈妈！”

“真是不让妈省心，都说再有几天就回家了。”妈妈的声音里带着哭腔，紧紧地搂着我。

我一直以为，妈妈坚持调到乡下来，是因为她工作的地方，一定比城里的单位还漂亮。可是看到妈妈的办公室，却发现只有一张破桌子、一把旧椅子和一张窄窄的木板床。

桌子边坐着一个跟我差不多大的女孩，正在专心致志地写作业。

“这是菊儿姐姐。”妈妈指着那个女孩对我说。

菊儿的头上扎了两根漂亮的麻花辫，分别系着粉红色的蝴蝶结。那是妈妈曾经买给我的蝴蝶结，原来她偷偷拿给菊儿了。

哼，一个月不回家看我，原来在这里疼着菊儿，真不像话！这么想着，我就将嘴巴噘得老高，生气地阴着脸。

“哈哈，我们的大班长今天可不像话，变成小气鬼

佳句解析

“疲惫”一词将汽车拟人化，生动形象地写出了路途的遥远，也侧面体现了妈妈工作条件的艰苦。

亮点解读

该段写出了“我”看到妈妈工作场景时的意外之情。

啦！”妈妈轻轻拧着我的脸蛋，笑着说，“妈妈还有点事，你先到菊儿姐姐家看看去。”

我和菊儿一边采摘野花，一边朝她家走去。走过几道长满野草的田埂，菊儿的家就在眼前了。菊儿奶奶背着背篼，背篼里装着满满的青菜，笑眯眯地朝我走来。

菊儿赶紧将嘴巴附在老奶奶耳边，嘀咕了一阵。菊儿奶奶拉着我的手激动地说：“要是没有你妈妈，我们婆孙俩的日子呀，不知道该咋过呢！你妈妈给我们家栽种了辣椒，收成还不错。你妈妈还怕菊儿读书远，每天早上就骑摩托车送她，傍晚又去接她，还帮她辅导功课。”

“王妈妈还说，等到明年春天，她就请人帮我们家修新楼房，那样我上学就更近了。”菊儿捧着光溜溜的核桃，从屋里走出来说。

她把我妈妈叫“王妈妈”，看来妈妈真把她当女儿了。

可是，想到菊儿和奶奶相依为命，我已经不吃醋了。毕竟，我还有妈妈呢。

佳句解析

“我”被菊儿姐姐和奶奶相依为命的生活打动了，也愿意和菊儿姐姐分享妈妈的爱，体现了“我”的善良懂事。

那天夜里，我和菊儿一起陪妈妈睡在小床上，我们一边一个，簇拥着妈妈。我悄悄将嘴巴附在妈妈耳边说：“我已经叫菊儿姐姐了，你呢，就当她的妈妈吧，我同意！”

阅读理解要点：

通过写“我”因思念历尽辛苦来到乡下找妈妈，对妈妈工作的不理解而误会她，最后看到妈妈身在基层，无私帮助他人，而解开误会的过程，塑造了妈妈的大爱和无私，也写出了“我”的通情达理。

写作方法：

侧面描写是本文的亮点之一。本文对妈妈的正面描写不多，哪怕“我”对妈妈有了意见，她也没有做过多的解释，而是通过菊儿奶奶的话，通过旁人的活动，让“我”知道了妈妈的良苦用心，比本人站出来替自己解释更有效果。

解析范文线索：

姥爷喜欢给“我”做好吃的→姥爷教“我”写书法，学成后，“我”给村里大队写对子→姥爷用剪刀剪胡子，不让“我”给他买剃须刀→多年后，姥爷给“我”做好吃的，依然把最好吃的留给“我”，把最难吃的菜帮子留给自己

爱到深处是笨拙

文/狮小主

姥爷快80岁了，姥姥去世以后，他明显苍老了很多。

往年过年回家去看他，姥爷总会想方设法给我做一些好吃的，打小他就对我疼爱有加，加之后来母亲去世，他的**舐犊之情**便愈加深沉。

> **舐犊之情**
>
> 本义是母牛舐小牛表示关爱，这里指姥爷对“我”的关爱之情很深。

姥爷最拿手的是高汤氽大白菜：切掉菜根，将择洗干净的菜身拦腰切开一分为二，上边是新嫩青绿的菜叶，下边则是晶莹粗厚的菜帮子，用香浓月白的高汤氽烫，然后加粉丝和红肉丸子，出锅的时候来一点儿香油和虾米，美味至极，是我童年味蕾上最美好的记忆。

那个时候，姥爷给一家人盛菜，我的碗里必定有最多的丸子和嫩菜叶，然后是姥姥，最后剩下的菜帮子永远是姥爷口中的“最爱”。

我当时笑姥爷没有吃过好吃的菜叶和丸子，居然把菜帮子当成最好吃的东西，实在是太笨了。

后来我慢慢长大，才终于明白老人家的心意。

姥爷是十里八村远近闻名的笔杆秀才，写得一手好字，从小我在他膝下玩耍，耳濡目染，也渐渐捉起高大的笔杆写毛笔字。每次我煞有介事写字的时候，他总在一旁“啰唆”。

“四个点每个都是不一样的，一样写，就呆了。”

“起和收的时候，要保持中锋，侧锋多了就圆滑，中锋运笔才是君子。”

就这样，他一遍一遍地说，一遍一遍地纠正我写字的毛病。我18岁那年，村委会主任刘大爷说：“小狮的字已经名声在外，今年就让她给村里写对子吧。”一下子成了大人教育孩子的优秀例子。

姥姥去世后的第一个春节，大年初三我去看他。记得那天阳光特别好，一丝冷风的影子都没有。

“姥爷！”

我推开门，手里拎着给他买的东西，然后看见他坐在洒满阳光的梧桐树下，一手拿着镜子，一手拿着剪刀在剪胡子，镜中的阳光打在他脸上，每一条皱纹都清晰可见。

“女孩子家，不要大声说话。”他听到我的声音后，笑着慢慢站起来，我走过去，鼻子一酸，说的第一句话是：“姥爷，我给你买把电动剃须刀吧。”他笑了笑，说：“剪了一辈子，早习惯了，还能打发时间。”

中午吃饭的时候，除了年下的主菜，那道高汤氽大白菜是一定会有的。这回他给我换了一个大海碗，将丸子、嫩菜叶和捞底的干货全都盛给我，仍旧只将剩下的菜帮子盛到自己碗中。

谁也不能和他抢那些最难吃的菜帮子，因为这就是他表达爱的方式—— 一种笨拙的、旷日持久的付出。

佳句解析

姥爷把最难吃的菜帮子留给自己，把最好吃的留给我，用这样笨拙的方式来表达对“我”的爱，令人动容。

阅读理解要点：

这是一个很感人的故事，爱在细微处，于平凡琐碎中往往最能发现爱的真谛。爱不是什么豪言壮语，而是隐藏在姥爷不经意的教导中，隐藏在他把难吃的菜帮子留给自己的那些时刻，隐藏在他笨拙的一举一动中。

写作方法：

本文没有华丽的辞藻堆砌，而是用最质朴的语言，塑造了姥爷的朴实善良，表现了姥爷对“我”笨拙却实在的爱。这些爱的细节，闪闪发光，打动人心。

解析范文线索：

亮亮和明明帮娘拉车子去县城卖混档菜→晌午，娘买了两个饼子给亮亮和明明一人一个→亮亮和明明要和娘分享，娘说她包里还有一个饼→原来包里的那个饼，是用草稿纸包成了饼的模样

包里还有一个饼

文/崔建华

母亲的爱令人动容。

亮亮和明明是一对双胞胎。

这天又是星期天，娘从菜园子里摒了一些混档菜，放在独轮车上，推着去县城卖。

家离县城十几里路，亮亮和明明决定帮娘拉车子去县城。

其实，家里已经揭不开锅了，娘从菜园子摒这些混档菜去卖，为的是换几个油盐钱。

这天不是集，街上的人很少。娘只好推着车子去一些工厂的家属区叫卖。

车上的混档菜卖得特别快，纸厂的家属区转完了，车上的菜也卖了一大半。

眼看晌午了，亮亮和明明的肚子饿得咕咕叫。

娘身边带着一个皮革包，是用来装钱的。娘对亮亮和明明说：“你俩在这儿等会儿，娘去买个饼子让你们尝尝。”

就在哥俩焦急等待时，娘兴冲冲地回来了。娘从那个皮革包里拿出两个饼子，用纸包着，还散发着热气，递到哥俩手里说：“一人一个，快趁热吃吧。”

亮亮和明明一看娘只拿出两个饼子，虽然馋得都流口水了，可还是不舍得吃，把手里的饼子伸到娘嘴边说：“娘，你吃一个，俺俩吃一个就够了。”

亮点解读

用对话形式，刻画出了懂事的哥俩。

娘笑笑说：“傻孩子，娘包里还有一个饼子呢。你俩快吃吧，吃了你俩先回家。”

亮亮和明明想起还有一篇课文没背熟，就说让娘也早点回去，然后吃着饼子，回家了。

哥俩回家后，开始背课文。

天黑时，娘推着独轮车回来了。

亮亮赶紧去给娘倒水喝。娘进了屋，坐下后，伸手从皮革包里拿出一个纸包来，然后把皮革包里的零散钱往桌上一倒，开始数钱。

明明眼尖，一眼就看出刚才娘从包里拿出来的那个纸包，正是娘给他们买的那种饼子的纸包。难道这饼子娘没吃吗？

这时，爹从地里干活回来了。娘从放地瓜煎饼的篮子里拿出两个吃剩的煎饼头子，放到碗里，用开水泡了两碗，端给爹

一碗，自己一碗，很香甜地吃起来。

亮亮看到这儿，终于忍不住了，问娘："娘，包里不是还有一个饼子吗？你怎么没吃？既然没吃就拿出来，你跟爹一人一半吃了吧。"

笑

写出了娘的乐观和为这个家的付出。

娘"咯咯"地**笑**了，放下手里的碗，然后拿起那个皮革包，伸手摸出了那个"饼子"。

饼子是用纸包着的，娘把纸打开。让亮亮没想到的是，纸里包着的不是饼子，明明就是一些包饼子的纸，只是包成了饼子的模样。

娘说："哪里还有什么饼子，我只买了两个饼子，你们哥俩一人一个早吃掉了。这些纸是我在街上捡的，为的是拿回来让你们哥俩当算题的草稿纸。"

除了早上喝了一碗能照出人影的稀饭外，娘竟然一天没吃饭。

后来，哥俩长大了，把许多娘这辈子见都没见过的好东西，往娘面前拿了不少。

佳句解析

娘为了哥俩省吃俭用，哥俩也用自己的方式回报给娘。

阅读理解要点：

母亲为了让娃安心，骗他们说包里还有一个饼，回到家哥俩才知道，那哪是饼，不过是用纸包成了饼的样子。虽然日子拮据，生活条件艰苦，但平凡的日子里，有两个懂事的孩子，互相体贴的一家人，再困难的日子也是闪着光的。这篇文章就讲述了这样一个善意的谎言，一个有关爱与温暖的故事。

写作方法：

这篇文章是用事物的线索为题目，"饼"是贯穿全文的线索，串联起了一家人的互相体贴、为彼此考虑的温暖的故事。以事物线索为题，也能唤起读者的阅读兴趣。

解析范文线索：

爸爸说起荷叶包的米饭，引起“我”的向往→“我”告诉奶奶想吃荷包饭→奶奶揭穿了爸爸的谎言→奶奶做了爸爸想吃的荷包饭→“我”体会到了爸爸对家乡的感情

遍地荷香

文/熊　明

荷包饭

爸爸说，他读小学时，第一次带的午餐，是用干荷叶包的米饭。那种荷叶和大米混合在一起散发出的清香，让他至今难忘。

我从来没有听爸爸说过这样**无与伦比**的美味，便朝爸爸嚷：“我要吃荷包饭。”

爸爸爽快地答应：“等我们回到万荷湖后，请奶奶给我们做荷包饭。”

万荷湖是爸爸的故乡，当然也是我的老家。我虽然生长在高楼林立的城市里，但也知道，我的根仍然在那片生长着茂密荷莲的水土中。

当终于在暑假跟着爸爸回到故乡时，我完全没有想到，一下子走进了一片荷花的海洋。那遍地浓酽的荷香扑鼻而来，直透我的心肺。

我告诉奶奶，我想吃她曾经为爸爸做的荷包饭。奶奶一头雾水地看着我，又看看正对我努嘴摆手的爸爸，才明白了什么似的叹道：“傻孙女，你爸爸何时吃过那么好的荷包饭。

无与伦比

这里指荷包饭很美味，没有其他食物的味道能和它相比。

亮点解读

本段扣题，直接描写荷花沁人心脾的浓香。

那时生活苦，你爸爸带的午饭，就是一包米饭和几只酸辣椒呀！”

原来爸爸骗了我。

一朵荷花能开多久

“一朵荷花一般能开四天左右。”爸爸告诉我，并让我自己去观察。

于是，我站在一处不大的荷丛边，看定了一个娇嫩嫣红的花苞，静静地凝视了很久，却没有等来这朵荷花的开放。

爸爸又告诉我，荷花常常是在清晨开放的。

第二天清早，我跑到荷塘边，果然看到这个花苞微微张开了口。有一只蜻蜓飞来，它的脚紧紧抓住微张的花瓣，整个头则伸到了花口里。不一会儿，蜻蜓被惊飞了，我看见花苞**抖**了一下，外层的花瓣倏地又张开了一些。

我的心激动得怦怦跳，眼睛一眨不眨地盯着花苞，等待着它的再次抖动、张开。但是我等了一天，没有再看见它有任何动静。

抖

一个“抖”字不仅赋予花苞人格，也写活蜻蜓飞走时的情形。

第三天早上，我急不可耐地跑去荷塘边，欣喜地看到，昨天微开的花苞，现在终于绽放了！那一片片花瓣尽情地舒展着它们的红颜，托出一个嫩黄色的小莲蓬。

佳句解析

运用了拟人的修辞手法，赋予荷花人的动作“尽情舒展”，人的外貌“红颜”，生动形象地写出了荷花开放的姿态之美。

到了第四天，我看到这朵荷花完全铺展开了，而且一些花瓣开始耷拉下垂，风吹来，有两片花瓣掉落在荷叶上。再看它们曾经簇拥的小莲蓬，已变得大了些，颜色也成了鹅黄嫩绿。这时我才意识到，一朵荷花也许就此完成了它的使命。我的心里不由生出一丝淡淡的忧伤。

晚上，奶奶做了爸爸一直想吃的荷包饭。我闻着那浓郁的荷香，看着爸爸慢慢打开折叠的荷叶，恍惚看到爸爸正在打开一朵荷花……

一刹那，我蓦然醒悟，一朵荷花原来还开在这荷包饭里，一直开在爸爸的心里！

哦，一朵荷花，从此也开在了我的心里。

阅读理解要点：

食物连着心和胃，当爸爸想念起家乡让他难忘的荷包饭时，一同想念的，还有那开满荷花的家乡。跟着爸爸回到老家的时间里，“我”细致地观察了一朵荷花的开放与凋谢，品尝了家乡的荷包饭，也用自己的方式，传承了爸爸对家乡的热爱，都寄托在这遍地荷香中。

写作方法：

借物抒情，是本文表达情感的亮点。通过描写荷包饭的美味，描写荷花的千姿百态，表面上是写景，实际上是借荷包饭和荷花、荷香，来表达自己对家乡的无比热爱和离开后对家乡的思念。另外，文章以小标题的形式，每则材料既独立，又以“荷”与对家乡的感情为线，巧妙地关联起来。

思考与练习：

你的家乡有让你影响深刻的植物吗？和大家一起讨论一下吧。

解析范文线索：

父亲在外漂泊工作→“我”发烧病重，母亲雪地里背着“我”艰难求医→“我”与父亲疏远，父亲叫“我”全名→母亲替父亲解释，“我”被打动了，让父亲还是叫“我”小蕊

爸，叫我小蕊吧

文/丁　梅

雪落得最密的那年冬天，我生了一场大病。父亲却跟一帮人去了南方做生意。我躺在床上，烧得迷迷糊糊，一个劲儿地叫：“爸爸，爸爸……”母亲求人捎了口信去，说我病得很重，让父亲快回家，但父亲没有回。

离家30里外的集镇上才有医院。当再没有人可等可盼时，瘦弱的母亲背起我，在雪地里艰难跋涉。

我小小的心里充满末世的悲凉。医生看到我们两个雪人，大惊失色。给我检查一通后，医生说我患的是急性肺炎，若再晚一天，可能就没得治了。

我退烧后，父亲才回来。母亲不给他开门。他叩着纸窗，轻轻叫我的名字：“小蕊，小蕊。”

母亲望着窗户流泪，我看看窗户，没有回应他。

当父亲挪动脚步迟缓而**滞重**地离开时，我开门出去，发现窗口放着两只橘子，黄灿灿的。

> **滞重**
>
> 滞重，指父亲的脚步沉重。写出了父亲赶回家后，不被理解的难过。

我读初中时，父亲结束了他的漂泊生涯回了家。但从小的疏远，让我对他一直亲近不起来。“哎，吃饭了。”“哎，老师让签字。”我从不肯叫他爸爸。

母亲在我面前替父亲说好话。母亲说起那年那场大雪，

父亲原是准备坐轮船去上海的，却得到我患病的口信，连夜往家赶。路上用他最钟爱的口琴换了两只橘子带给我。大雪漫天，没有可搭乘的车辆，他就一路跑着。过了江，好不容易拦下一辆装煤的卡车……

一次，我在做作业，额前的一绺头发掉下来遮住了眉，父亲很自然地伸手替我捋。当他的手指碰到我的额头时，我本能地快速挥手挡开，他的手僵在那里，脸上的表情渐渐变得很沉很沉。

佳句解析

“我”对父亲的疏远，伤了父亲的心，父亲的表情沉重，内心更加沉重。

从此，我们之间更加疏远。父亲很客气地叫我秦晨蕊，两人间永远隔着几米的距离。

后来，母亲突然患了脑卒中，脾气变得空前暴躁，经常扔了手边能扔的东西后号啕大哭。那时，父亲会捡起被母亲扔掉的东西，重新递到母亲手边。他买了轮椅，推着母亲出门散步，十几年如一日。

一天我回家，他轻轻对我“嘘”了声，说：“你妈刚刚睡着了，轻点儿。”我们轻手轻脚地绕过房间，父亲领我去看他种的瓜果蔬菜。

“秦晨蕊，你不要担心没有新鲜的瓜果蔬菜吃，你妈不能种了，我还能种给你们吃。”父亲花白的头发在阳光下格外扎眼。

初夏的风，吹得温柔。那场雪的记忆，在岁月深处隐约着。

佳句解析

父亲的付出，让“我”理解并原谅了当年的父亲，内心对他的埋怨动摇了，化作了感动和爱。

我在他身后轻轻唤了声：“爸！”父亲惊诧地回头看着我，眼里渐渐漫上泪水。我迎着那泪水，说：“爸，还是叫我小蕊吧！”

阅读理解要点：

父爱如山，沉默无言，文中的父亲就是如此。小时候的一场大病，父亲没能及时赶回来，“我”对父亲产生了深深的埋怨，加上父亲离家已久，初中时才回家安定，“我”和父亲之间很是疏离。文章通过细腻的笔触，写尽了父亲未能及时赶回来的愧疚，面对女儿的埋怨和疏远时的心痛、不知所措和小心翼翼，以及在亲情回归时，那难以置信的幸福。

写作方法：

文章以人物的语言作为题目，引发了读者的阅读兴趣。读完全文，知道了缘由，再回看品味这一题目，格外打动人心。我们能从这一声“爸”的呼唤，和“小蕊”的昵称中，读懂“我”对父亲的原谅、释怀和没有说出口的爱。此外，本文语言朴实，刻画情感变化很细腻感人，值得一品再品。

解析范文线索：

父亲捧着母亲的骨灰回来，但“我”不知情→爸爸骗“我”说妈妈在向日葵里，“我”信以为真→秋天到了，爸爸又说妈妈在姥姥家照顾姥姥→初中毕业，“我”才明白原来妈妈早就不在了

藏在向日葵中的妈妈

文/陈柏清

1

那个七月，我还处在不懂事的年龄，并不知道父亲捧回来，放在堂屋高桌子中间的黑匣子里装着母亲的骨灰。我拉着父亲的后衣襟一路走出堂屋，问：“爸，我妈呢？”

父亲回过头来看着我，指着院中的向日葵：“你妈妈就藏在向日葵里，你乖乖地听话，你妈就出来了。”

妈妈在向日葵里！

我松开父亲的衣襟，奔过去，在向日葵中挨个找，我说：“妈，妈，你快出来！”从左边找过去，没有；从右边找过去，没有。

每一片叶子我都看了，风吹得向日葵粗硬刺人的叶子哗啦啦响。我站在七月燥热的风中，汗水流到嘴角，咸咸的。我想大哭，可是我不能哭，妈妈曾经说过：“爱哭的孩子是小磨人精，妈妈不要小磨人精！”

我一屁股坐在一棵向日葵旁边，太阳七色的光圈透过金黄的花瓣洒下来，我想，妈妈在哪棵向日葵里呢？

2

秋天到了，向日葵的叶子干枯了，像打褶的牛皮纸。

亮点解读

作者在开篇交代了真相，让读者揪着一颗心往下阅读。

你也
来动笔写
一写吧！

我不想搭理父亲，如今真相水落石出，母亲根本不在向日葵里。

那天父亲收割向日葵，他把割下来的新鲜瓜子递过来，我看也不看。

他坐在我旁边，说："孩子，爸爸不对，爸爸骗了你，你妈妈没在向日葵里。她在你姥姥家照顾她的妈妈。"

"她不要我了吗？"我忍不住哭起来。

父亲拍拍我的后背："怎么会呢？你妈妈也很想你，可是她的妈妈也离不开她啊。我们要理解你妈妈，要为她分忧，好好地等她回来。"

从那以后，锻炼身体和好好学习，成了我的支柱。我想等我长大了，就可以去见妈妈了，还有姥姥。

九岁那年，我学会了写信，我吵着要给妈妈写封信，父亲同意了。我坚持每天给妈妈写信，虽然妈妈的回信很少，可我仍然很开心。

3

初中毕业，我考上重点中学，我跟父亲说，我要去看母亲。没想到父亲说："走吧，我们去看你妈妈。"

不知为何，我们不是去车站，而是去了堂屋。

父亲打开一直锁着的里屋房门，我一眼看见母亲的照片，搭着红布的黑匣子，母亲爱看的书，白菊花……我一下愣在门口。

父亲牵着我的手，说："来，给你妈妈磕个头，点炷香吧。"我努力**挣脱**他的手，哭起来："不！我是在做梦！"

父亲使劲抱住我，等我哭够了，才说："爸爸今天在你妈妈面前，正式给你道歉，是爸爸说了谎，如今你大了……"

我走在喧闹的街上，想着曾经，我天天坐在门槛上看向日葵的样子。今生今世无论怎样的春天，哪怕我种一万棵向日葵，也长不出能走出母亲的那一棵啊！

挣脱

这里指"我"用力摆脱父亲的手，写出了"我"知道真相后的不敢置信和悲痛。

阅读理解要点：

文中的父亲用善意的谎言，欺骗"我"说妈妈在向日葵里、妈妈在姥姥家照顾姥姥，保护着"我"不必过早承受失去妈妈的悲痛，让"我"怀着对妈妈的期盼长大，直到初中毕业，才知道真相。这是一个悲伤的故事，让我们为父亲的良苦用心所感动，也为"我"知道真相后的悲痛而心疼。

写作方法：

这篇文章一开头，就把故事的真相揭示给读者：妈妈去世了，父亲带回了她的骨灰，唯独瞒着"我"。这样安排情节的好处，就犹如读者拥有了一双上帝的眼睛，知道事情的真相，而唯独文中的人物不知，让我们在阅读的时候，替文中的"我"揪着一颗心，害怕他知道真相后心碎，又不知道他什么时候才会知道，就这样边揪心边读下去，替文中的"我"既焦急又心痛。这样的视角，紧紧抓住了读者的心。文章的真相到底安排在哪个部分揭开才合适，要看文章具体的表达需要。

解析范文线索：

父亲失业回家，母亲让父亲当家→我们的日子过得紧巴巴，但有一天父亲为我们钓鱼吃→父亲帮同学家修好了缝纫机→父亲和停泊的大轮船上的外国人交谈→父亲背着发烧的“我”，领着妹妹上医院

父亲当家

文/张寄寒

亮点解读

开篇交代父亲当家的背景。

父亲失业回家，妈连夜整理行李，把家里所剩的钱交给父亲，便去上海打工了。父亲在外工作时，每年回家也就四五天，和我们接触很少，自从妈走后，我和妹妹开始和父亲朝夕相处。

一

父亲当家，一天吃两顿，早上我和妹妹上学，父亲给买早点的钱，他起得晚，不吃早饭。中饭一荤一素，晚饭吃粥，日子过得紧巴巴。

一天中午放学回家，走到家门口，便闻到了一阵浓酽的鱼香，走近客堂的方桌，桌上放着一碗浓油擦酱的红烧鳗鲡。父亲说：“这是爸爸在河桥下钓的。”我和妹妹诧异地望着父亲，从心底佩服父亲的聪明能干。

二

有天下午，一个同学对我说：“我妈的缝纫机坏了，听说你爸很聪明，能帮我妈去看看吗？”我替父亲答应下来。晚上我和父亲到了同学家，父亲向同学妈妈要了一把捻凿，他把缝纫机的机头拆开，堆了一地，用捻凿东挪西挪，不大一会儿，合上机头，重新装上，叫同学妈妈用碎布试机。同学妈妈坐上去，两脚一踏，立刻发出一阵均匀的声音，她兴奋地说：“就是这个声音！修好了！”

三

星期日下午，听说北栅桥外急水江畔停泊着一艘白色的大轮船，上面全是外国人。一个外国人上岸焦急地和围观者“叽里咕噜”地说话，谁也听不懂他在说什么。我想起父亲会外语，立刻奔到家里，把父亲叫过去。我和父亲走上白轮船，父亲用一口流利的外语和外国人对话，外国人的脸上立刻绽开了笑容。一岸的围观者对我父亲赞不绝口。

四

一天晚上，我吃罢晚饭便蒙着被子睡了。睡梦中，仿佛有一只大手在推我，我揉揉眼睛，望见父亲那张温和的脸，他说：“你身上滚烫，有寒热，你渴不渴？”我点了点头。父亲立刻给我倒了一杯开水，等我喝罢，立刻给我穿上衣服。妹妹忽然醒了，她惊讶地问：“爸，你和哥去哪儿？”父亲说：“去医院看病。”寂静的街路上，父亲驮着我，妹妹跟在身后，“嗒嗒”的脚步声**划破**了半夜的宁静。父亲把我背到医院门口，我硬要下来，父亲便搀着我走进急诊室，一位值班医生把一支温度计塞进我嘴里。过了一会儿，医生拔出温度计，对父亲说：“烧得不轻！我先给他打一针退热针，再配点药回去

划破

这里运用了拟人的修辞手法，赋予脚步声人的动作“划破”，脚步声像刀一样，割破了夜的宁静，也生动形象地写出了父亲脚步的匆忙、坚定有力，体现了父亲对“我”的爱。

吃，多喝开水！”

我们离开医院时，远处传来鸡叫声。我伏在父亲的背上，妹妹走在前面领路。一路上，我清醒多了，记忆中这是第一次伏在父亲的背上，我感到心里特别温暖。

佳句解析

伏在父亲的背上，真实地感受到了生病时来自父亲的着急、关爱，体现出“我”内心的感动。

阅读理解要点：

作者选取了父亲当家的四件小事，给我们钓鱼吃、帮同学妈妈修缝纫机、和外国人交流、半夜背“我”上医院，从不同方面表现了父亲的能干、多面手形象，以及热心肠和对孩子的爱。

写作方法：

选取典型、特殊的事例，能更好地塑造人物形象，文中选取的父亲的事例就是如此。父亲当家，想必父亲还做了许许多多的事情，但作者选取的是钓鱼、修理缝纫机、与外国人交流、背孩子就医不同层面的典型事例，能更丰富多元地展现父亲的能干、热心、爱孩子的形象，也展示了这是属于他的独一无二的父亲，写出了人物的特殊性。我们在写作文的时候，也可以有意识地对素材进行筛选，选取典型事例。

解析范文线索：

“我”想吃冰激凌，爸爸大热天骑自行车去两公里外的镇上为“我”买→初中时“我”故意写错答案，老师喊了家长，爸爸支持“我”的举动→爸爸生病去世，整理他的遗物时，发现一本相册，上面记录着他对“我”的爱

冷暖人间，他是盖世英雄

文/夏知凉

－ 1 －

盛夏的午后，知了聒噪地叫着。我说想要吃冰激凌的时候，爸爸笑得很为难。从村里到镇上有两公里，而在37℃的三伏天里，想要把一支冰激凌完整地带回来，他需要有超能力。

没错，我就是故意刁难他，谁让他说只要我暑假不回妈妈那里，要什么他都给。我可不想窝在乡下这个电视只能看中央一套的地方，我想回到妈妈那里，和朋友去露营，去看新上映的电影，去吃麦辣鸡翅和汉堡……

他跨上自行车走的时候像一阵风，以至于我忽略了他已经45岁，左腿上还有两颗钢钉这些事实。他是跑回来的，大滴的汗珠从脸上滚滚而下，手里举着一个装满冰块的保温饭盒：“喏，冰激凌来了。”

把冰激凌放到我手里后，他又转身跑了出去。我连忙问：“你干什么去啊？”他头也没回地说：“自行车在半路掉链子了，我去取回来。”

那支冰激凌的名字很好听，叫“甜甜心奶油雪糕”，奇怪的是，为什么我吃起来总觉得很苦呢？

亮点解读

甜甜的名字和“我”感受到的苦形成对比，不是冰激凌苦，是“我”为故意折腾爸爸而感到后悔、心疼。

- 2 -

读初中时，我的语文成绩很长一段时间里都是班里的第一名，作文总是被当作范文在班上朗读。后来，我总会故意做错几道题，将成绩稳定在第二名或第三名。

因为我真的不想考第一，不想每次都傻乎乎地站在讲台上朗读自己的文章。

老师约我的家长面谈。

他应召而去，反问老师：“为什么要争第一呢？我觉得所有排序都是相对的，有一天，世界会变得很多元、很美好，那时，大家就不会为考第几名烦恼了。”

那一刻，我觉得他超级帅，简直就是我的男神。后来，我问他：“世界什么时候多元化啊？”他笑嘻嘻地说：“就在不远的未来。”于是，我等啊等，却等来了爸爸妈妈离婚的消息。我觉得他骗了我，哪有多元化的世界，只有多元的家庭。

说实话，我不太愿意跟妈妈去城市里生活，因为那样我就得离开我的小伙伴。可是，妈妈居然用糖衣炮弹诱惑我，

于是，我背叛了他，只有放假时才偶尔回来看看他。

\- 3 -

时间如同过山车一般**呼啸而过**。他突然就病倒了，医生说：“治愈的可能性不大。”

他揉着我的头安慰我：“人哪有不老的？这辈子有了你，我已经很知足了。”

整理他的遗物时，我发现一本相册，里面全是我的照片，从1岁到14岁，每张照片都做了标注：小公主满月咯。去幼儿园的第一天，哭得很难看。照顾好自己，爸爸爱你……我就这样翻着，像要把时光翻回去一样。

我合上相册，眼泪再也忍不住，夺眶而出，以后这冷暖人间，我要一个人走了。

呼啸而过

运用了夸张的修辞手法，突出了时间过得非常快。

佳句解析

冷暖人间，照应了题目。写出了“我”失去父亲后的悲痛。

阅读理解要点：

每个父亲爱孩子的方式都是不一样的，但是父爱的真谛是一样的。这篇文章以板块的形式，介绍了父亲爱自己的几则小故事，父爱体现在大热天不顾腿上打着钢钉，为“我”买冰激凌；体现在“我”故意不考第一，被请家长时，父亲和“我”站在同一战线上；体现在把对“我”的爱，融入“我”的成长相册里，读来让人泪目。

写作方法：

这篇文章人物细节描写细腻，比如动作描写“跨上”“揉着”，神态描写“笑嘻嘻”，还有语言描写等，为我们展示了一个深爱孩子的父亲形象。人物细节描写的组合使用，可以更全面丰富地刻画人物形象，使之更丰满。

解析范文线索：

每当“我”不听话，妈妈就用要把我的嘴缝上来制服“我”→幼儿园放学回家，“我”把书包里的东西抖落光了，妈妈骂了“我”→青春期“我”跟妈妈说了过分的话，妈妈哭了→上大学时妈妈不希望“我”离家太远，但拗不过“我”

妈妈和月亮，都只有一个

文/花大钱

我妈生我，是在一个滴水成冰的冬天。因为我个头壮硕，我妈“吭哧吭哧”好久才生下了我。别人家的娃娃都是呱呱坠地，只有我是咚咚砸地。我妈见到我说的第一句话是：“嘴这么大，将来一定很能吃！”

在我妈的审美观里，只有拥有樱桃小嘴的女孩才好。于是她抱着我去找医生，很认真地问能不能把我的嘴稍微缝上一点儿，结果被医生轰出了办公室。

这虽然让我有点儿伤心，但起码让我确定了一件事——我真是我妈的亲生女儿，而不是从楼下的垃圾桶里捡来的，跟你们各位都不一样。

亮点解读

体现出作者用语幽默。

稍微长大一点儿后，每次我一耍赖，我妈还是会说：“再哭就把你的嘴巴缝起来！”坐在地上正打算撒泼的我一听，两条腿立马就不敢动弹了。慢慢地，这句话就成了我妈制服我的法宝。

我妈基本不会对我发火，记忆中只有一次。那时候我刚上幼儿园，有一天放学，我忘记给小书包拉上拉链，一路蹦蹦跳跳地回了家，书包里的小本子啊铅笔啊都给抖落光了。我妈当时噌地一下火就上来了，狠狠骂了我一顿。

当着我的面，我妈总爱说我哪儿哪儿都不好，怎么怎么不争气；一转身，她就对别人夸我好，夸我是她兜里的宝。初中毕业的时候，我被保送到我们那儿最好的高中。那个暑假，我妈脸上总挂着我从未见过的神色，活灵活现、**得意扬扬**，像个了不起的老小孩。

我的青春期是胆子跟着身子一起发育的。在荷尔蒙的催化下，脾气更是呈指数级增长。有时冷战，我就把自己关在房间里赌气不吃饭，然后我妈就会自动败下阵来。

记得有一次，我大概是说了很过分的话，妈妈受了气，晚上偷偷躲在被窝里哭。那是我第一次见到妈妈哭，我一下子慌了，完全不知道怎么办。我想要安慰她，却怎么都开不了口。一瞬间，我觉得自己是这个世界上最没用的人。

写这篇文章的时候，我正准备去离家很远的地方读书。我妈一开始是极力反对的，但拗不过我，最后只叹了一口气说："唉，我只是怕在外面没人给你做饭、洗衣服。我不要你有多大本事，只要你能每天安安分分过日子就好。"前一秒还觉得憋屈的我，这一秒只想抱着妈妈哭。

我们这一生，会爱很多人，但他们都是天上的星星；而妈妈却是天上的月亮，是独一无二的。

得意扬扬

这里指妈妈非常满足、高兴，神气十足。

佳句解析

生动形象地写出了妈妈在"我"心中的重要位置，无可取代，表达了"我"对妈妈深深的爱和感激之情。

阅读理解要点：

妈妈的爱和爸爸的不同，总是非常显性地表现出来。本文就像在跟你话家常一样，絮絮叨叨了跟妈妈从小到大的多件小事，妈妈对自己有时嫌弃，有时夸赞，犯错时责骂，孩子要高飞时担忧，但不变的，是那永远的牵挂和爱。

写作方法：

这篇文章采用了先抑后扬的写法。文章开头，就写"我"刚生下来时，妈妈对"我"长相的嫌弃，但是随着时间的推移，"我"愈发感受到妈妈对"我"的爱，在文章的最后，情感的烘托到了极点，用浪漫的比喻，深情又委婉地表达了"我"对妈妈的爱。

解析范文线索：

外婆跟着“我”一起生活→周末不加班，“我”会带她闲逛→外婆大部分时候总是糊里糊涂的→外婆在门把手上绑了破布条做记号，被“我”拆掉→“我”将外婆反锁在家里，哄骗她会带她回家

外婆的世界

文/李　娟

亮点解读

开篇一个对比句，让人读来忍俊不禁。

外婆跟着我时总是白白胖胖，慈眉善目。跟着我妈时，整天看上去苦大仇深。但这又怎能怪我妈呢？我妈家大业大，又是鸡又是狗又是牛的，整天忙得团团转，哪能像我一样专心。

在阿勒泰时，我白天上班，外婆一个人在家。每天下班回家，一进小区，远远就看见外婆趴在阳台上眼巴巴地朝小区大门方向张望，她一看到我，赶紧高高挥手。

每到周六周日，只要不加班我都带她出去闲逛。阿勒泰对她是怎样的存在呢？每到那时，她被我收拾得干干净净，头发梳得一丝不苟。她一手牵着我，一手拄杖，在人群中慢吞吞地走啊走啊，四面张望。

看到人行道边的花，她喜笑颜开：“长得极好！今天晚上要来偷……”

看到有人蹲在路边算命，她就用以为只有我听得到的大嗓门说：“这是骗钱的！你莫要开腔，我们悄悄在一边看他怎么骗钱……”

每次逛完回到家，她累得一屁股坐到

床上，一边解外套扣子，一边嚷嚷：“累死我了，二回再也不出去了。”

可到了第二天，她就望着窗外蓝天幽幽道：“好久没出去了……”

那时候，我好恨自己没有时间，好恨自己的贫穷。我哄她：“明天就出去。”却想要流泪。

除此之外，大部分时间她总是糊里糊涂的，总是不知身处何地。常常每天早上一起床就收拾行李，说要回家，还老是向邻居打听火车站怎么走。她总是趁我上班时，自己拖着行李悄悄跑下楼。她走丢过两次，一次被邻居送回来，还有一次我在菜市场找到她。

有一次我回家，发现门把手上拴了根破布条，以为是邻居小孩子恶作剧，就解开扔了。第二天回家，发现又给系了一根。原来，每次她偷偷出门回家，都认不出我们的单元门，不记得我家的楼层，于是她便做上记号。我当着她的面，把门上的碎布条拆掉，没收了她的钥匙。

第二天我上班时就把她反锁在家里。她开不了门，在门内绝望地**号啕大哭**。

我抹着眼泪下楼。心想，我一定要赚很多钱，总有一天一定要带外婆离开这里。

那是我二十五岁时最宏大最迫切的愿望。

每天我下班回家，走上三楼，她拄着拐棍准时出现在楼梯口。那是我今生今世所能拥有的最**隆重**的迎接。每天一到那个时刻，她艰难地从她的世界中抽身而出。我便依仗她对我的爱意，抓牢她仅剩的清明，向她百般承诺，只要她不死，我就带她回四川，吃一切她思念的食物，见一切她思念的旧人……

号啕大哭

这里指放声大哭，写出了外婆的无助和绝望。

隆重

这里指盛大庄重。外婆不过是拄着拐棍等“我”，我却从这一平常不过的举动中看出外婆对“我”满满的爱。

但是我做不到。

我就是一个骗子，而被欺骗的外婆，拄着拐棍站在楼梯口等待。我根本完成不了承诺，其实我早就隐隐意识到了，唯有死亡能令她展翅高飞。

佳句解析

外婆应该是患了老年痴呆症，好不起来了。完成不了的承诺令“我”难过，也希望外婆得以解脱。

阅读理解要点：

不够清醒的外婆跟着“我”一起生活，两个人都在用自己的方式表达着对对方的爱。“我”想努力挣钱带外婆回家，外婆每天拄着拐杖迎接“我”下班。平凡日子里的相依为命，让人泪目。

写作方法：

文章语言很感人，通过描写外婆的语言和动作，塑造了外婆这一形象。人物的细节描写，对表现人物的形象，有着重要的作用。

思考与练习：

1.在描写与外婆的日常中，作者运用了哪些写作手法？

2.作者为什么最后说自己是一个骗子？

解析范文线索：

“我”和小两岁的妹妹亲密无间→“我”上了初中，想家哭泣→回家把初中生活当笑话讲给妹妹听→妹妹骑自行车送“我”返校→一年后，妹妹考取了“我”的学校，“我”和妹妹同床共枕，幸福极了

小妹妹

文/郭青辰

我有一个胖乎乎的，比我小两岁的小妹妹。高兴起来，我们脸贴着脸头挨着头。我们的手臂总是互相缠绕，好像长在彼此肩上。我们从早到晚一起发呆、闲逛、找乐子。

亮点解读

写了我和妹妹从小感情亲密。

我和妹妹做得最多的事是分糖果。爸爸买的上海奶糖没有一颗是相同的，我们分好了，彼此交换口味，实在不行就半块半块一起吃。

大姑父喜欢买清一色的糖果给我们，比如椰子糖。我喜欢椰子糖独特的香味，于是妹妹看见糖堆就替我找椰子口味的。

我和妹妹的日常也是这样有趣。

很快，我考上了初中，只是学校太远，必须住校。想家把我害得像难民，我都不知道自己是怎么度过那些哭哭啼啼的日子的。

那时，我最高兴的是周末回家。奇怪的是，望着妹妹的脸，我忽然就把住校的辛酸苦辣统统讲成了笑话，妹妹笑得直抹眼泪。

一次，爸爸同意妹妹骑自行车送我返校。我们一路口若悬河，可惜那条路太短，根本不够我们把话说完。

“怎么没人啊？”妹妹走进空空如也的校园。她像巡视

员一样检查着校园的每个角落。我沉浸在当导游的兴奋中，可是妹妹对风景和故事毫无兴趣，她一路瞪着大眼睛，翻来覆去念叨一句话："为什么一个人都没有？"

"我们骑车快，到早了。马上就有人来了。"

妹妹环顾四野，踮起脚、伸长脖子，就盼着凭空掉下来个人。可是寄宿生像是约好了似的，谁都不肯来。

太阳开始偏西，妹妹应该回家了。假如我不是比她大两岁，想着要给她做个好姐姐，或者害怕爸爸妈妈失望，我一定厚着脸皮再跟她回一趟家。

学校对面有小卖部，我们寄宿生常去那里买廉价的榨菜下饭。那天我**阔气**了一把，给妹妹买了瓶橘子汽水。

阔气

这里指"我"花了大价钱为妹妹买了橘子汽水，豪华又奢侈。

"路上喝！"

妹妹马上打开了，把汽水举到我面前："姐姐先喝！姐姐不喝我也不喝。"

为了省时间，我勉强喝了一小口。妹妹却在旁边喊起来："不行，喝一大口嘛！"

接下来的每一口两个人都在比赛少喝，嘴里却喊着要对方多喝。剩下小半瓶了，我拿出姐姐的威严，把汽水放进车篓里直接下命令："赶紧走，要不下次我不许你送。听话，你要乖乖地一口气骑回家，天说黑就黑。"

妹妹犹豫着四处看看，问："我走了剩你一个人怎么办？"

“没事，他们马上就会来。你要真爱姐姐，就回家好好学习，赶紧考过来。”“好！”

一年后，比我高高壮壮的妹妹跨级考取了我的中学。妹妹和我一起做了寄宿生，我们又像小时候那样天天同床共枕。我像一夜暴富的人，幸福又紧张。即使熟睡的午夜，我也忍不住一次次伸手去搂一搂妹妹。我要一再验证这个宝物的存在。

佳句解析

因为又能和妹妹在一起而感到幸福，因这幸福来得太突然而紧张。

阅读理解要点：

“我”和妹妹的姐妹情深，体现在点点滴滴的小事当中，我们一起分糖吃；妹妹骑车送“我”返校；我们分享一瓶橘子汽水；妹妹考上“我”的初中；我们同床共枕……虽没有豪言壮语，但日常生活的言行中，无不流露。

写作方法：

围绕同一个中心，可以选取多个小事来凸显中心，这篇文章就是这么做的。我们可以用一张气泡图来清晰地呈现出来。构思作文的时候，以主题为中心的气泡图也很好用哦。

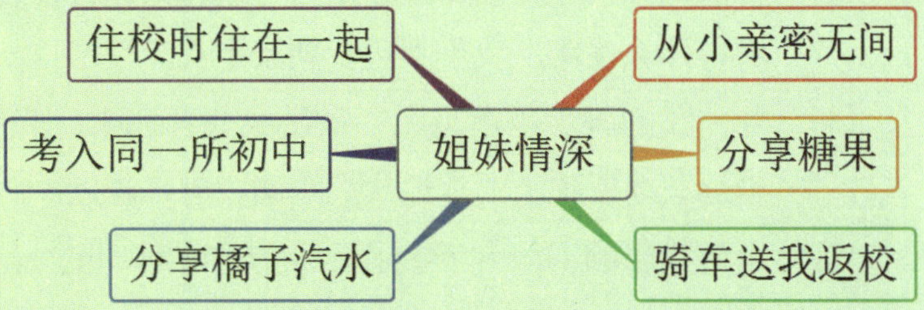

解析范文线索：

“我”考试成绩糟糕，不敢回家→“我”躲在崖洞看到“我”家屋顶的炊烟随风摇摆→“我”飞奔回家，母亲没有批评“我”还一直给“我”热着饭→往后的日子里，“我”在学习上没让母亲担心过

我家屋顶有炊烟

文/汪　洋

记忆里，炊烟很**薄**，很**淡**，很**轻**，很**柔**。它从屋顶冉冉升起，袅绕在天空中。透过它，即便闭着眼睛，我也能看见在火塘前忙碌的母亲。母亲是一位魔术师，总能变出香喷喷的饭菜，我一看到屋顶的炊烟就不禁**馋涎欲滴**。

孩童时的我十分贪玩儿，有一次考试，为了掏路旁老柳树上的鸟窝，我匆匆交卷离开。毫无疑问，那次考试我的成绩非常糟糕。回家路上，我步履沉重——我该怎么向要求严格的母亲交代啊？于是，我心想：躲起来吧，这样母亲就找不到我了，找不到我她一定会担心，又因为担心，她会忽略我考试成绩糟糕的事情。

忽然，我发现不远处的山崖上有个一眼就能望到我家屋顶的崖洞。在这个念头的驱使下，我钻了进去，直到明媚的世界暗下来。我倚在洞口，呆呆地望着我家的屋顶。我家屋顶上的炊烟开始不急不缓地飘向天空，随风摇摆起来。我从未发现如此不可思议的事——炊烟会跳舞，而且跳得那么好看，那么优雅。我不禁迈步朝家走去。

我的脚步越迈越大，最后我飞奔起来。崖洞距离我越来越远，而屋顶上的那道炊烟距离我越来越近。

我家的门敞开着，我三步并作两步冲进去。母亲看了我一眼，没有说话，走到火塘前揭开锅盖。我**嗫嚅**着嘴巴，还

亮点解读

开篇一系列单字点出炊烟的特点。

馋涎欲滴

“我”看到炊烟，馋得口水都要滴下来，非常想吃到食物。

嗫嚅

这里指“我”想说话又吞吞吐吐不敢说出来的。

未开口，眼泪便“吧嗒吧嗒”掉到地上。母亲指着桌子上的饭菜，摇摇头说：“什么也不要说，我都知道。现在，你的任务是吃饭。”

我咬了咬嘴唇，走到饭桌前狼吞虎咽地吃起来，像饿了三天三夜一样，白米饭和土豆肉丝真香啊！

吃过饭，我规规矩矩地坐在饭桌前没有起身，等着母亲责骂，没想到母亲只是看着我说了一句话：“孩子，妈妈相信你，你往后一定会好好学习，是不是？”没有迟疑，我坚定地点了点头。事后，姐姐告诉我：“有好几次，我想出去找你，但都被母亲阻止了。母亲说，你肯定是考得不理想才不敢回来。母亲还把留给你的饭菜放到锅里的蒸格上，让火塘里保持小火。这样，你不管什么时候回来都能立马吃上热饭热菜。”

听着姐姐的讲述，我的眼泪忍不住再次流出来。原来，我在崖洞里看到的在我家屋顶上停留了一下午的炊烟，是母亲为了给我留热饭热菜而产生的。看着仍在忙碌的母亲，我暗暗发誓再也不让母亲为我担心。

往后的日子里我虽然依然贪玩儿，但在学习上再也没让母亲担心过、失望过。每当我产生懒惰的心理时，我的眼前便会闪出那道在屋顶上摇曳了一下午的炊烟。

佳句解析

那道摇曳了一下午的炊烟，让“我”读懂了母亲对我的牵挂和爱，也激励着“我”克服懒惰，好好学习，不再让母亲为“我”担心。

阅读理解要点：

“我”因为贪玩儿考砸了，母亲没有责骂“我”，反而为了能让“我”第一时间吃上热饭，默默地热了一下午的饭菜。本文以炊烟为线索，贯穿全文，串联起在“我”犯错时母亲对“我”别样的教育和智慧，也串联起母亲对“我”的爱与牵挂。

写作方法：

作者选择炊烟作为贯穿全文的线索来行文，炊烟是乡村具有代表性的事物，富有浓浓的乡土气息，炊烟的背后，站着一位辛劳的母亲，也尤其能体现母亲的勤劳、智慧与爱。选择典型的事物作为行文的线索，更能凸显文章的主旨。

解析范文线索：

“我”偷了晓姐姐的口琴→面对晓姐姐的询问，我否认拿了她的口琴→“我”偷偷把口琴丢到草丛里→“我”偶然得知，晓姐姐早就知道我拿了她的口琴，但是依然对她妈妈说是她送给“我”的→“我”感到愧疚难当

口琴吹过的夏天

文/胡心心

> **天籁**
> 本义是指大自然的声音，这里指姐姐吹奏口琴的琴声动人。

> **佳句解析**
> “我”获得了这个难得的吹口琴的机会，写出了我的紧张和兴奋。

第一次知晓口琴这种乐器，是在同村的晓姐姐家。

晓姐姐的家庭条件在我们那里算是很不错的，所以她的房间里总有各种各样有趣的玩意儿。有一次，我就在那里发现了一样新鲜东西——一支口琴。我听晓姐姐吹奏口琴，琴声干净、悠扬，直透人心。哪怕是一首简简单单的《小星星》，我都觉得犹如**天籁**。

我们一帮小孩都想吹一吹口琴。有一次，在我们的再三央求下，晓姐姐终于同意把口琴给我试吹一会儿，其他人很失望，气鼓鼓地噘起了嘴巴。我摊开双手傻呵呵地从她手上接过口琴，琴身冰凉，我的手心却在发烫。我用手背擦了擦嘴，翻来覆去仔细地研究了口琴好一会儿，才小心翼翼地把嘴凑上去。从最边上开始，鼓足气从最高音吹到最低音：“呼……呼……”我一味沉醉在自己的旋律中，殊不知周围的伙伴已笑弯了腰。

那次，虽然大家都嘲笑我，但我仍然很开心，因为我终于吹到了口琴。口琴就像有神奇的魔力一样，引得我朝思暮想。我控制不住自己的欲望，向父母提出想买一支口琴。妈妈说我不懂事，坚定地拒绝了我的请求。

那是一个下午，大东、君君和我又去了晓姐姐家，但晓姐姐不在，只有她妈妈邓姨在家。邓姨打开晓姐姐房间的

门，让我们像平常一样在里面玩耍。我呢，早就看见放在床头的口琴，抵挡不住口琴的诱惑，趁大东和君君不注意，偷偷地将口琴塞进裤兜……

刚把口琴带回家的那天，我寝食不安，但第二天，我紧张的情绪缓解了许多，我躲在被子里偷偷地吹口琴。偷偷摸摸吹了一个星期，我的琴声仍然是“呕哑嘲哳难为听”，我有些泄气，新鲜感顿失。

那一周我都没敢去晓姐姐家。周末，晓姐姐来找我，她再三问我：“心心，我的口琴不见了，你见过它吗？”我每次都摇头否认。晓姐姐失望地叹了口气，回家了。

晚上，我从枕头下翻出口琴，趁着夜色，跑到山坡下，一把把它丢进了草丛里。

这件事情似乎就这么完结了，我暗暗松了口气。后来晓姐姐考上外地的大学，出门读书，很久才回来一次。我们难得见一次面，再见面时却有一种莫名的疏离感。

有一次妈妈带我去邓姨家串门，妈妈和邓姨站在门前闲聊，我偶然听见，原来晓姐姐早知道口琴在我那儿，不过她没说是我偷的，反而告诉邓姨，口琴是她送我的。我站在玫瑰花树旁，身上就像被一万根花刺扎一样难受。

如果再给我一次机会，我不会再偷拿晓姐姐的口琴，可是这只是如果。在那个被口琴吹过的夏天，我的心中埋藏着一个淡淡的遗憾。

佳句解析

运用了比喻的修辞手法，把“我”心里的难受比作身上被花刺扎，生动形象地写出了“我”内心的愧疚。

阅读理解要点：

小时候因为喜欢偷拿了邻居的心爱之物，又碍于面子不肯承认。谁承想，这个没承认的事实，这场没完成的道歉，却在多年后，得知晓姐姐早就知道真相后，再次折磨着“我”，字里行间无不流露着“我”的后悔、愧疚、遗憾，也侧面体现了晓姐姐的宽容大度。

写作小锦囊

写幻想的思维导图

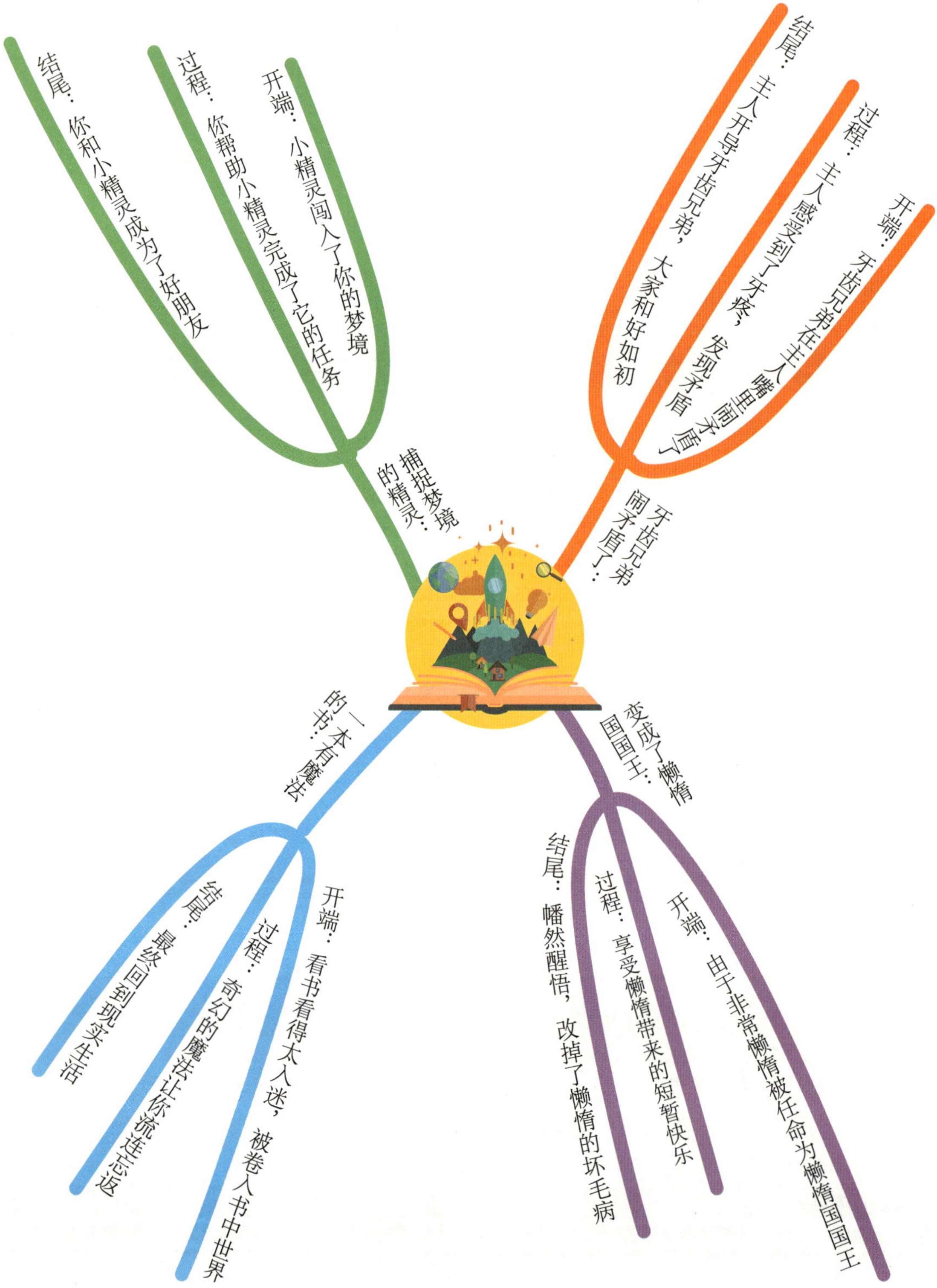

我不会写诗

文/蒋 镭

妈妈，
我想写一首诗。

你看那柳叶在风中飘啊飘，
每一条叶脉都是一行字，
风儿在读她的诗。

你听那麻雀在枝头欢唱，
每一声鸣叫都是一个词，
只可惜它没有找到笔和纸。

你瞧那鱼儿在水里游荡，
每一圈波纹也是一段诗。
如果莲叶读懂了，
便会开出莲花来……

为什么今天，
全世界都在写诗？
难道它们都想记下
春天的样子？

那些诗里的文字，
一笔一画钻进我的心里，
好痒好痒……

可是怎么办呢？
我却不会写诗。

解析范文线索：

晓棠在等带着风间花木堂邀请而来的风→花婆婆把晓棠带到花园→鼹鼠教晓棠吸取花露的方法→饶舌花说采花露的时候，花会因害怕而落泪→晓棠犹豫了，放弃了采花露→花婆婆留下了晓棠

风间花木堂

文/陈梦敏

> **拽直**
>
> 这里运用了拟人的修辞手法，赋予风人的动作，生动形象地写出了风的动作干脆利落。

我在等待一阵风。

究竟是什么样的风呢，我也说不上来。只知道，那是一阵带着风间花木堂的邀请而来的风。

听说，能被风间花木堂留下来的女孩子，工作满一个月，花婆婆就会赠送一些特别的花。

“是晓棠吗？请跟我来。”

脖子上春草绿的丝巾被风**拽直**了，我被狠狠地吓了一跳，脚步不由自主地迈开了。

“到了。”

风把我狠狠地往上一抛，我的惊叫声还没冲出口，人已经落入锦绣一般的园子里了。

戴着大草帽的鼹鼠阿福已在入口处恭候多时。

“露珠花的花露，会依次生出七种颜色。”阿福领着我，来到花木堂的一角，指了指其中的几株，“喏，这就是露珠花。从下往上数，找到第七对叶子，握着它上方的茎秆摇晃，这花就会涌出一些花露来。每隔一阵，花露就会增加一种颜色。当七种颜色齐备之后，松开手，拿起吸管准备好就是了。”

“请好好干吧。”阿福郑重地说完，转身离开了。

我将瓷碗和吸管放在一旁，随意挑了一株花，从下往上数，找到第七对叶子之后，开始摇晃它的茎秆。

“你当真要采下花的花露吗？你知不知道，花露是露珠花的眼泪？你掐住它的茎，就像勒住它的脖子一样，它的眼泪会因为害怕而涌出来。”

是一朵饶舌花在说话！据说这些饶舌的花儿就喜欢无中生有。

“难道你就没掉过眼泪？没有尝过害怕的滋味？我听小兔子说过，是走在空旷的荒野里，那种心都提到了嗓子眼，想要大声喊出妈妈的感觉。”

我当然有过恐惧。妈妈病重的那段时间，我天天都在做噩梦，后来妈妈还是离开了我。我想起了父亲，父亲因为母亲的离去一蹶不振。

“喂，你的心是石头做的吗？怎么能做出这么残忍的事情啊！”

亮点解读

饶舌花的行为，和饶舌这个名字很相称，读起来十分幽默。

此时，那一颗颗花露已经有了彩虹一般的颜色。当花露转瞬失去颜色的时候，真的像极了一颗颗硕大的眼泪。

真如饶舌花所说的那样吗？花露就是花痛苦时流出的眼泪吗？

不，不会的！这是一场考验！

我得出色地完成任务，才能如愿留在风间花木堂。

我要带回去一些花儿，希望花儿的魔力能够让父亲高兴起来。

可是，当伸出吸管，我的手指不听使唤地哆嗦起来。

我终于没有吸取花的露水，真的，那些花露好像妈妈的眼泪。

过了一会儿，花婆婆出现在我面前。我觉得自己失败了，失去了留下来的机会。花婆婆却给了我一个最柔软的拥抱："祝贺你，晓棠！你正是我想要找的真正爱花的孩子。"

"是奇迹。唯有爱才能创造奇迹。"接过话头的，正是那朵饶舌花。

佳句解析

这句话点明了文章的中心，也表明前面要晓棠吸取花露只是一场考验，体现了晓棠是一个爱花的孩子。

阅读理解要点：

本文通过写晓棠面临着一场考验，要吸取花露才能留在风间花木堂，却因为不忍花遭受痛苦，而放弃了。就在晓棠以为自己已经被淘汰的时候，花婆婆却祝贺她被留下来了，因为她是真正爱花的孩子。爱出者爱返，这是一个心中有爱而收获爱的故事。

写作方法：

花是美的，花露是美的，本文的语言也很唯美，运用了诸多拟人的修辞手法，把风、花等当成人来写，读着文章，仿佛行走在美妙的童话世界里。

解析范文线索：

北京的习俗，从腊月初旬开始，就要准备过年了→腊八开始准备腊八蒜→腊月十九儿童们开始准备过年→二十三过小年，就像过年的彩排→除夕吃团年饭、守岁

北京的春节（节选）

文/老　舍

按照北京的老规矩，过农历的新年（春节），差不多在腊月的初旬就开头了。“腊七腊八，冻死寒鸦。”这是一年里最冷的时候。可是，到了严冬，不久便是春天，所以人们并不因为寒冷而减少过年与迎春的热情。在腊八那天，人家里，寺观里，都熬腊八粥。这种特制的粥是祭祖祭神的。可是细一想，它倒是农业社会的一种自傲的表现——这种粥是用所有的各种的米，各种的豆，与各种的干果（杏仁、核桃仁、瓜子、荔枝肉、莲子、花生米、葡萄干、菱角米……）熬成的。这不是粥，而是小型的农业展览会。

佳句解析

虽是严冬，但大家并未因此减少热情，奠定了文章的基调，读来让人觉得暖意无限。

腊八这天还要泡腊八蒜。把蒜瓣在这天放到高醋里，封起来，为过年吃饺子用的。到年底，蒜泡得色如翡翠，而醋也有了些辣味，色味双美，使人要多吃几个饺子。在北京，过年时，家家吃饺子。

学童们到腊月十九日就不上学了，放年假一月。儿童们准备过年，差不多第一件事是买杂拌儿。这是用各种干果（花生、胶枣、榛子、栗子等）与蜜饯掺和成的，普通的带皮，高级的没有皮。儿童们喜吃这些零七八碎儿，

即使没有饺子吃，也必须买杂拌儿。

二十三日过小年，差不多就是过新年的“彩排”。这天晚上家家祭灶王，从一擦黑儿鞭炮就响起来，随着炮声把灶王的纸像焚化，美其名叫送灶王上天。在前几天，街上就有多多少少卖麦芽糖与江米糖的，糖形或为长方块或为大小瓜形。按旧日的说法：有糖粘住灶王的嘴，他到了天上就不会向玉皇报告家庭中的坏事了。

过了二十三，大家就更忙起来，新年眨眼就到了啊。在除夕以前，家家必须把春联贴好，必须大扫除一次，名曰扫房。必须把肉、鸡、鱼、青菜、年糕什么的都预备充足，至少足够吃用一个星期的——按老习惯，铺户多数，关五天门，到正月初六才开张。假若不预备下几天的吃食，临时不容易补充。

眨

眨眼新年就到了，一个“眨”字体现出时间过得很快。

除夕真热闹。家家赶做年菜，到处是酒肉的香味。老少男女都穿起新衣，门外贴好红红的对联，屋里贴好各色的年画，哪一家都灯火通宵，不许间断，炮声日夜不绝。在外边做事的人，除非万不得已，必定赶回家来，吃团圆饭，祭祖。这一夜，除了很小的孩子，没有什么人睡觉，而都要守岁。

佳句解析

从人到物，一切都充满了年味，用各种颜色、声音交替形容，烘托出过年的热闹氛围。

阅读理解要点：

这是一篇散发着浓郁乡土气息的散文，文章按时间顺序介绍了老北京过春节的一系列习俗，全文充满北京味儿的朴实语言，陈述朴素自然，不事雕琢，流畅通达，又有极强的表现力和感染力，字里行间透出人们欢欢喜喜过新年的心情，反映出北京人热爱生活、追求美好生活的心愿。

作者档案袋：

老舍（1899年2月3日—1966年8月24日），原名舒庆春，字舍予，生于北京，中国现代小说家、著名作家，杰出的语言大师、人民艺术家，新中国第一位获得“人民艺术家”称号的作家。著有长篇小说《骆驼祥子》、短篇小说《赶集》等。老舍的文学语言通俗简易，朴实无华，幽默诙谐，具有较强的北京韵味。

思考与练习：

你的家乡过春节时会有哪些习俗呢？和同学们相互讨论一下吧！

解析范文线索：

夏日荷塘，鸟啼花笑，虫鸣鱼戏，很热闹→荷叶呵护身边的事物，扶助荷花→每一朵荷花，都是一首隽永的诗→荷香幽香，令人沉醉

荷　语

文/杨崇演

荷塘

半亩荷塘，村庄的标配——童话般，自由浪漫的天堂。

夏日的荷塘，鸟啼花笑，虫鸣鱼戏，很是热闹——“小荷才露尖尖角，早有蜻蜓立上头”，富有灵性的蜻蜓是多情的歌者；蝴蝶是浪漫的舞者，穿着彩装，成双成对地翩翩起舞；阵阵的蛙声，像是为这片荷塘歌唱，也像是在提醒人们为这方世界喝彩、鼓掌；几只野鸭、小鱼儿或天鹅在池水里嬉戏，往来穿梭，成为水中游弋的动词；没人理会的小泥鳅，藏在泥里，赌气地噘起嘴，听荷语温热；远处几缕袅袅炊烟，和着一群暮归的牧童，走进了王冕的水墨画里，走进了周敦颐的笔赋中……

佳句解析

运用拟人的修辞手法，赋予蜻蜓、蝴蝶人的身份，生动形象地写出了蜻蜓、蝴蝶的灵动、浪漫多姿。

荷叶

荷叶是小鱼儿的雨伞；荷叶是小青蛙的唱片；荷叶是小孩子的凉帽。荷叶也是水珠的弹奏师——先是小水珠，再是小水球，继而结成一个扁平的小水块，晶莹透亮，随风圆润欲滴，“哗啦”一声两声三四声，似乎是乐师拨动了一下琴弦，又无心弹奏，琴音响了一阵骤然而止。

佳句解析

运用排比的修辞手法，连用三个“荷叶是……”的句式构成排比句，突出强调了荷叶的作用大。

“荷叶罗裙一色裁，芙蓉向脸两边开。”荷叶把幼嫩的荷花拥抱在怀里，呵护它健康成长；把成熟的荷花高举头上，扶助它占尽风光。

没有荷叶，荷花失色；没有荷叶，荷花乏韵；没有荷叶的实诚就没有荷花的富贵；没有荷叶的高洁更没有荷花的风姿。

我要做那一片荷叶，在喧嚣的尘世里不随波逐流，就算寂寞孤独，也要独自绽放。

荷花

“接天莲叶无穷碧，映日荷花别样红”——粉红的、绯红的容颜，淡雅、飘逸、迷人，是浅浅的惊喜，是浓浓的温馨，是缕缕撩人的初情。

未开的花苞是送给王母娘娘祝寿的蟠桃吧！让人只看一眼，便喜欢起来；那盛开的荷花，却毫不顾忌地裸露她的美。那美，美得精致，美得放松，美得千姿百态，美得忘乎所以！

生自淤泥，却又远离尘染，清丽而高雅，妩媚而不俗。每一朵荷花都是一首隽永的小诗，精致、典雅，**亭亭净植**。

> **亭亭净植**
>
> 亭亭净植：一系列唯美的词语，极尽形容荷花优雅的美。

愿世人皆如荷，愿世事亦如荷。来生若为植物，必为荷！

> **亮点解读**
>
> 点明中心，揭示主旨。

荷香

十里荷塘，步步莲香。红白莲花开共塘，两般颜色一般香。随风而动的荷香，忽浓忽淡，忽远忽近，忽有忽无，令人沉醉。

“陆上百花竞芬芳，碧水潭泮默默香。”荷花不与百花争宠，宛如落入人间的凌波仙子，清雅脱俗，香远出尘，静静地在荷塘里释放着自己独特的芬芳。

闹市中一朵出淤泥而不染的荷花，即便在秋冬时节凋谢了，但那幽香也会久驻人间。

花香不在多，一枝足矣。

写作方法：

这篇文章将多种写作手法交织在一起使用，构成了一曲美丽的交响，比喻、拟人、夸张、引用等。比如，“陆上百花竞芬芳，碧水潭泮默默香。”引用了周敦颐的诗句，写出了陆上百花竞相开放，而湖边莲花默默散发淡淡幽香的与众不同的美。

解析范文线索：

老梨树老了→鼹鼠告诉梨树，只要将树里的花魂取出，梨树就可以开花→纸鸟一寸一寸钻进树的身体取花魂→树枝和树根强忍着疼痛接受这一切→雪覆在老梨树身上，梨树发现自己一树梨花

取出身体里的雪

文/刘　滢

老梨树皱纹黝黑，他老了。当别的梨树都开出花的时候，他只有孤零零的枝干和明显稀疏的树叶。

一只会法术的鼹鼠经过，他告诉老梨树，每一株梨树都会遇到自己生命中的第一场雪。这些雪融化在梨树的身体里，化作花魂，这样，梨树就可以开花了。可是，老梨树的花魂缩成了一个坚硬的核！只要将花魂取出来，沐浴月光，老梨树就能开最后一次花了，只是，这需要忍受极大的痛苦。

老梨树请求鼹鼠帮助他，于是鼹鼠剪了一只纸鸟，纸鸟钻进梨树的身体，一寸又一寸，锋利地割裂着所经之地。

这时，一个傲慢的声音响起：“树，为什么我感觉这么痛？”

老梨树愣了一下：“是枝吗？”“是的，树。”

老梨树尽力平稳地告诉了他来龙去脉，他可不想在自己的枝面前表现出怕痛的模样。

“哦，是吗？只要治好花魂，我又可以开出花，得到人们的赞美了？”枝得意起来，“我就知道，人们离不开我！”

“恕我直言，你的这种得意，还有虚荣，说不定是掩埋花魂的一个原因呢。”鼹鼠突然彬彬有礼地插话道。

“什么？这是什么意思？”枝叫起来，但是，话音未落，他更加惊讶地叫起来，“天哪，我觉得自己的身体吹进了一丝春风，凉丝丝的，这可是我幼年时的感觉！”

“啊——”一道苍老厚重的声音响彻天空。鼹鼠被吓了一跳，那苍老厚实的声音说话了：“你是谁？是你让我如此疼痛吗？我的身体里仿佛进了一把游刃。”

鼹鼠问：“是老梨树的根吗？”

“是！我知道生命即将结束，我已经陷入昏睡的状态，却突然被这利刃惊醒。是你干的吗，鼹鼠？”

鼹鼠看看老梨树，他仍然在极力忍受着痛苦。鼹鼠点点头：“是的，是我，也是老梨树。”

根惊讶地问：“树？他想做什么？”

“他只想再看一次年少时的那场雪。”鼹鼠轻轻地说。

“那场雪？我没有看到，但是，当雪花渗进来的时候，我有感觉，那是和土壤完全不同的事物，轻盈，而且会飞……”说完，根尽力把根须伸入土壤，减轻树的痛苦。

而老梨树痛苦地忍受着，身体内部在不断地裂开，细碎的爆炸**此起彼伏**。

月亮已经高高地升上天空，银辉洒满大地。终于，小纸鸟出来了。

在他的身后，一个银白的小雪核渐渐散开，成了绒绒的雪团。瞬间漫天雪花飞舞，一片两片……全都覆落在老梨树的身上，渗进树皮、年轮，凉丝丝的，老梨树感觉自己似乎又活过来了。

他伸了个懒腰，猛然发现自己一树梨花，在春风里跃动，就像那场年少时的雪。

此起彼伏

这里指老梨树的身体里不断发生着细碎的爆炸，这里停歇，那里又起来，从未止息，也体现了老梨树的痛苦是不间断的。

佳句解析

忽如一夜春风来，千树万树梨花开，漫天飘雪覆盖，已经分不开，是雪花还是梨花。

阅读理解要点：

这篇文章充满神奇的想象。在作者的笔下，老梨树开花，靠的是身体里的雪凝成的花魂。文中写了老梨树为了重见年少时的雪，重新开花，忍受着被纸鸟割裂的痛苦，最终开满一树梨花的故事。

解析范文线索：

上文学史课，所有的蝉同时叫，让“我”想起了童年→上小学的路上，会呼朋引伴去捕蝉→捉得住蝉，却捉不住蝉音→蝉音通透，给“我”启迪

夏

文/三　毛

春天，像一篇巨制的骈俪文；而夏天，像一首绝句。

已有许久，未曾去关心蝉音。于是，夏天什么时候跨了槛进来我并不知道，直到那天上文学史课的时候，突然**四面楚歌**、**鸣金击鼓**一般，所有的蝉同时叫了起来，把我吓了一跳。

我整个心思都被吸了过去，就像铁砂冲向磁铁那样。但当我屏气凝神正听得起劲的时候，又突然不约而同地全都住了嘴，这蝉，又吓我一跳！就像一条绳子，蝉声把我的心扎捆得紧紧的，突然在毫无警告的情况下松了绑，于是我的一颗心就毫无准备地散了开来，如奋力跃向天空的浪头，不小心跌向沙滩！

我不禁想起童年，我的童年。因为这些愉快的音符太像一卷录音带，让我把童年的声音又一一捡回来。首先捡的是蝉声。

那时，最兴奋的事不是听蝉，是捉蝉。小孩子总喜欢把令他好奇的东西一一放在手掌中赏玩一番，我也不例外。

念小学时，上学有四条路可以走，其中一条沿着河，岸边高树浓荫，常常遮掉半个天空。虽然附近也有田园农舍，可是人迹罕至，对我们而言，真是又远又幽深，让人觉得怕怕的。然而，一星期总有好多趟，是从那儿经过的，尤其是夏天。轮到下午班的时候，我们总会呼朋引伴地一起走那条

四面楚歌

用来比喻被团团包围，处于孤立无援的境地，这里指被蝉声团团围住。

鸣金击鼓

古时两军作战时用鼓和金发号施令，击鼓则进，鸣金则退，这里指好像所有的蝉，同时约好了似的，发出的声音同时进退。

路，没有别的目的，只为了捉蝉。

捉得住蝉，却捉不住蝉音。

夏乃声音的季节，有雨打，有雷声、蛙声、鸟鸣及蝉唱。蝉声足以代表夏，故夏天像一首绝句。

绝句该吟该诵，或添几个衬字歌唱一番。蝉是大自然的一个合唱团；以优美的音色，明朗的节律，吟诵着一首绝句，这绝句不在唐诗选，不在宋诗集，不是王维的也不是李白的，是蝉对季节的感触，是它们对仲夏有共同的情感，而写成的一首抒情诗。晨间听蝉，想其高洁。蝉该是有翅族中的隐士吧！高踞树梢，餐风饮露，不食人间烟火。那蝉声在晨光朦胧之中分外轻逸，似远似近，又似有似无。一段蝉唱之后，自己的心灵也跟着透明澄净起来，有一种“何处惹尘埃”的了悟。蝉亦是禅。

而以后的每一年夏天，蝉声依旧，依旧像一首绝句，平平仄仄平。

佳句解析

首尾呼应，开篇与结尾均运用了比喻修辞。平平仄仄平，既是绝句的韵律，也像蝉声，富有节奏感。

阅读理解要点：

文章的题目是“夏”，行文以蝉声为线索，贯穿全文，也串联起了童年对蝉鸣和夏天的回忆，看似是一篇写景文，又处处透露着作者的感悟和哲理，读毕，仿佛让清澈的蝉鸣荡涤了心灵。

写作方法：

作者的文笔非常优美，运用了诸多的比喻、拟人的修辞手法，独到的修辞背后，富有禅思哲理，给人以启迪。

作家档案袋：

三毛（1943—1991），原名陈懋平（后改名为陈平），中国当代著名作家。三毛散文取材广泛，不少散文充满异国情调，文笔朴素浪漫而又独具神韵，表达了作者热爱人类、热爱生命、热爱自由和大自然的情怀。

解析范文线索：

“我”被委任去抓中午到河套里洗澡的男生→一天，邻居锅蛋被冲到了河中间→“我”把锅蛋救上来，锅蛋的父母送锦旗到校，学校准备报道“我”的英雄事迹→“我”的真实想法是，如果救了他有可能挨淹，并不想救他

英 雄

文/杨 馥

那年夏天，我与“英雄”失之交臂。

夏天，草原小镇特有的沙土地的炎热很难熬。特别是中午，风儿都热得烫手，让人昏昏欲睡。学校规定：中午不准去河套里洗澡。

那时我是班长，被班主任派去抓中午到河套里洗澡的男生。这个委任极大地方便了我，我、庆格勒图、张建国、马占军和何长春结成了固定的洗澡帮。

一天，我们刚下河，就听见庆格勒图高喊：“快上来！上边下来水了！”大家噼噼啪啪地上了岸。河水迅速上涨，水开始变色，脏得异常厉害。一个七八岁的小男孩被冲到了河中间，正连哭带叫地上下扑腾着……

佳句解析

开篇采用倒叙的写法，吸引读者阅读兴趣。

庆格勒图一看："这不是我们的邻居锅蛋吗？"

我目睹着锅蛋的窘境，说了句"我去把他弄上来吧"，就一个猛子扎了下去。

我捞着锅蛋的腰，往我这边一拉，意想不到的事情发生了——他顺势死死地抱住我的头，使劲儿往下压，身体拼命往上蹿，好像不把我送入水底誓不罢休……

我开始呛水了，此刻本能的努力就是用脑袋拼命顶他的胸，让自己的嘴露出水面。

不幸中的万幸，当我的脚接触到河底时，我竟神奇地站住了！

我的头在拼命的夹固中冲出了水面，我一边艰难地向岸边走，一边努力用双手推摆着锅蛋。

虽然离岸越近水越浅，但是我行走的速度赶不上河水上涨的速度，又喝了几口水后，我一下子跌进了水里……

我沉入水里的一瞬间，锅蛋松开我，打着狗刨哭叫着扑向岸边，被岸上伸过来的手拽了上去。

我被水推着在河中翻滚，求生的本能驱使我挣扎着将手伸向河岸……

把我拉上岸之后，同学们各施所能，轮番对我实施"溺水"抢救。

面对不属于自己的荣誉，你会勇敢说不吗？

彷徨

这里指“我”犹豫不决，不知道是该说出自己的真实想法，还是该把自己往英雄上靠。

佳句解析

结尾点题，又照应了开头，体现了母亲对自己的爱，也验证了坚持自我的可贵。

锅蛋的父母知道这件事后，特意做了一面锦旗送来学校。而学校，也开始为我铺设英雄之路，挖掘我救人时的闪光思想和牺牲精神。

一些亲人和邻居知道了我勇救锅蛋的事，也开始上门表扬我。

赵大妈开导我说：“英雄刘英俊为救小孩，勇敢地拦住惊奔的烈马，你在救锅蛋的时候不会没想到这些吧？”

我回答说：“没想到。当时我只想把锅蛋弄上岸来，要是知道救他还会挨淹的话，我才不救呢！我认识他是谁呀？”

张叔叔对我说：“你当时可能蒙了，没记住好的，如果你私心严重，是不可能在生死关头挺身而出的……”

我开始**彷徨**了。

母亲以一种复杂的心情对我说：“儿子啊，你还是实话实说，保持自我吧。你没伤着，就是我最大的欣慰了，是天大的荣誉也换不来的……”

我听从了母亲的话，坚持了自我，也因此与“英雄”光环擦肩而过。

阅读理解要点：

本文写了“我”下河救溺水的锅蛋，中途被挣扎的锅蛋往下压，救下锅蛋后又被水冲走，幸好被岸边的伙伴们拉上岸的故事。不同于往常勇救溺水者的大无畏的英雄，“我”在事后勇于表达了真实的想法，与“英雄”失之交臂，却收获了真实的自己。

写作方法：

文章如何写出新意，不落窠臼？本文就是一篇很好的范例。一反常见的勇救溺水者的“英雄”形象，出其不意地表达了真实的心态，虽然失去了“英雄”的称号，却闪现着常人的光辉。

解析范文线索：

新书发下来，“我”迫不及待地翻开语文书→语文老师余庚兴教语文有几样法宝→早读课，我们趁余老师不在的时候聊天，等余老师快到的时候，大家书声琅琅

语文课

文/蒲跃辉

新书的气味是新的，凑近闻一闻，似乎时间即将重新开始。那么多新课本，要说我最喜欢的，自然是语文。我总是迫不及待地翻开语文书，看看有哪些插图……语文书是彩色的，古代的世界、外面的世界都是彩色的。

> **亮点解读**
>
> 开篇用一段文字表达出自己对语文的喜欢。

语文老师是班主任余庚兴。对教语文，余老师有几样法宝。

第一样法宝，背诵大法。

本来有些课文后面，已经有背诵要求：“背诵课文第三到第五自然段”，只有古诗，才会写着“背诵全文”。

余老师不管这一套，他要求我们，所有课文都得背下来，但我的记忆力一直不大好。

每天放学回家，从田地干活回来，我得花大量时间背课文。我自然不会安安稳稳地坐屋里，有时爬上枇杷树，有时爬到耳房顶。

无论在屋顶，还是在树上，只要不下雨，我总会一边大声背诵课文，一边呆看落日。落日慢坠，逼近青山，真是好看。落日陷下山坳，如戳破的溏心鸡蛋，散开满天霞光。大地上，一条黑线由西朝东涌来，爬过田野，越过房屋，跨过河流，什么也阻挡不住它。

> **佳句解析**
>
> 运用了比喻的修辞手法，把落日比作溏心鸡蛋，生动形象地写出了落日的美。

余老师的第二样法宝呢，是抄写大法。

“好记性不如烂笔头”，余老师如是说，不管课本上什么要求，一律全文抄写。我们叫嚷一阵，便也接受了这样的安排，而且加倍接受——我们总会提前抄写。当然了，这事不能让余老师知道。

提前或按时，不都得抄同样多。还得冒着被老师发现多抄几遍的风险？我们那时是不会这么想的。只想着提前完成，便卸下了一副重担。

余老师的第三样法宝，乃作文大法——不，或许应该叫数数大法。

写景状物写人记事，余老师按正常方法教，但对作文的评判不按常理出牌。余老师说，考试时，作文满分三十分，一行一分，写满三十行，便得三十分。

平日练习也是这样——我们在自习课上写作文，班里刚组织野炊回来，题目自然是“野炊”。

我说，我写到搭锅做饭，已经十五行了！一个同学说，我才写到上山，快二十行了！另一位同学大声说，那算什么！我还在写准备锅碗瓢盆呢，快写够了！教室里你攀我比，互相伤害，公正公平。

细细回想，余老师的法宝并不止这三样。

我们也有慷慨的时候，比如早读课上。只要余老师不来，我们总忙着交流昨晚看的电视连续剧，这时，总有个同学“大公无私”，舍武林大会于不顾，伸长脖子，甘当小喽啰。

佳句解析

用幽默的语言，写出大家配合默契，有人把风，盯着余老师有没有来，刻画出了活泼调皮的一群同学。

余老师来了！同学喊出这句，那个骑单车的人在两百米开外。哦，不是他！喊出这句，那人到一百米开外。啊呀！是他！喊出这句，单车已在楼下停好了。我们慌忙翻开课本，摇头晃脑苦读起来，那歌唱般的语调**婉转**极了。

婉转

这里指我们的朗读声委婉动听。

阅读理解要点：

余老师用不同于其他老师的几样法宝，背诵大法、抄写大法、作文大法，来严格要求同学们，展现了余老师的独到之处，也写出了在余老师严格要求下，一群活泼可爱又有点惧怕余老师的小学生形象。

写作方法：

语言幽默是这篇文章的亮点。“教室里你攀我比，互相伤害，公正公平”，写出了余老师作文大法在班上起到的效果。比如在早读课上，趁余老师不在，大家不再互相竞争，而是变得“慷慨”起来，聊着有趣的话题。幽默的表达有助于凸显文章的主题，增强可读性。

思考与练习：

1.请你根据文章，用简洁的话语总结出余老师的三件法宝。

2.在你眼中，你觉得余老师是一位怎样的老师？

解析范文线索：

住校两周的秦梅雪回到西岭村→到了家，爷爷奶奶妈妈都对她表示热烈欢迎，唯独不见爸爸→奶奶告诉她，爸爸打工去了→秦梅雪望着自己给爸爸准备的橙子做的小猪，委屈失望

月亮被咬去了一口

文/何　南

秋风随手涂抹着金黄，浑身散着香；太阳很慈祥，照在人头上；小鸟在空中久久盘旋，唱着熟悉的歌儿，倍儿舒爽！9月29日是个星期六，住校整两周、积攒了一大串对家人的思念之后，秦梅雪终于回到西岭村了！

佳句解析

运用了拟人的修辞手法和环境描写，赋予了秋风、太阳、小鸟人的情态、动作，生动形象地写出了秋天的美，侧面衬托了秦梅雪的愉快心情。

要见到爷爷奶奶、爸爸妈妈了，想到这里，秦梅雪的心已飞舞成一只美丽的蝴蝶，快乐地在花间流连！这14天她多么想念他们啊！她摸了摸身后的双肩包，那个方方硬硬的东西还在，她抿嘴笑了笑，甜蜜从心底飞出来。

到了家，爷爷奶奶和妈妈都对她表示了热烈的欢迎。只是爸爸秦联合没在家，这恰恰是最让她感动的，疼她的爸爸一定是特地给她买东西去了！女儿上初一了，又这么长时间没回家，当然要像对待打了胜仗的将军一样犒劳一下喽！此时，她似乎听见了爸爸气喘吁吁往家跑的脚步声。“爸，别跑那么快！小心摔着！”她心里默默地向爸爸隔空喊话。可她又想让爸爸快点儿回家，这样他就能早点儿见到她送给他的DIY（手工制作）礼物了。

亮点解读

这样的猜想与后文得知爸爸去打工后的反应作对比。

然而，想说的话都竹筒倒豆子倒完了，还不见爸爸回家。屋子里已经出现了一阵无话可说的停顿，秦梅雪伸头往外看了好几次，和她对视的只有拴在院里的那头温驯的牛，哪儿有爸爸的影子！

终于，奶奶先干咳了一声，才缓缓地说：“梅梅，别看了，你爸今天不回来了！他打工去了！”

“啥时候去的？到哪儿？干啥？”秦梅雪心里一沉。

“昨天才走，去哪儿、干啥咱还不知道，反正是大城市，能挣可多可多钱……”妈妈接过话茬，好像在故意**含糊其词**。

“啥？我爸竟然在我回来的前一天出去打工了？明天还是团圆节呢！”被失望恶狠狠地控制着，秦梅雪的泪忍不住流下来。

“梅梅，别怪你爸，本来他想见你一面再走的，可人家来电话，催了好几遍，怕过了这个村就没这个店了，没办法啊！”奶奶把宝贝孙女慈爱地揽在怀里，轻轻揉捏着孙女柔软的小手；爷爷见孙女哭了，又心疼又不知道怎么办，急得在屋里直转圈。

秦梅雪的双肩包里静静地躺着一个礼物盒，外面扎着粉色的心形彩带，里面是一只胖乎乎的小猪，橙子做的，圆滚滚的身子、肥肥的嘴、卷曲上翘的短尾巴，可爱的样子。秦梅雪的爸爸属猪，这个礼物是她好不容易跟着书学做的。爸

含糊其词

这里指妈妈有顾虑，怕女儿生气，话说得不清楚，含含糊糊。

亮点解读

细致地描摹，也从侧面体现了秦梅雪的用心和对爸爸的爱。

佳句解析

因为爸爸外出打工不在家，代表团圆的月亮，也仿佛不那么圆了，写出了秦梅雪内心的失落。

爸昨天竟然离开家了，满心怨恨和失望的秦梅雪觉得，这个精心制作的礼物也就没有拿出来的必要了。她可以想见，明天，本该阖家团圆的一天，小猪那用橙皮剪成的耳朵、嘴、尾巴等部位就会因失水而干枯，变得丑陋不堪，像她的心情一样。

夜幕还没降临，她仿佛已经看见，天上的那轮圆月被谁咬出了一个缺口。

被谁咬的呢？她不知道。

阅读理解要点：

全文虽然爸爸这个关键人物都没有现身，但是从秦梅雪为爸爸精心制作的礼物和她期盼爸爸在家的心情可以看出，父女俩的感情有多么深厚。

写作方法：

文章使用了多种方法细腻地刻画了人物的心理活动变化。比如开头的环境描写，侧面烘托出人物愉悦的心情；比如“她抿嘴笑了笑，甜蜜从心底飞出来”，直接描写人物心情的美妙；比如“疼她的爸爸一定是特地给她买东西去了”，内心活动的独白，体现了对爸爸的期待；比如“秦梅雪的泪忍不住流下来”，人物的细节描写，体现了秦梅雪的委屈；比如“夜幕还没降临，她仿佛已经看见，天上的那轮圆月被谁咬出了一个缺口”，运用联想，体现人物失落的心理。

解析范文线索：

回忆童年时候的星天→“我”喜欢和星星做朋友→在海上与繁星作伴，与它们更加熟悉→星星就像是天上的巨人

繁　星

文/巴　金

我爱月夜，但我也爱星天。

从前在家乡七、八月的夜晚，在庭院里纳凉的时候，我最爱看天上密密麻麻的繁星。

望着星天，我就会忘记一切，仿佛回到了母亲的怀里似的。

三年前在南京我住的地方有一道后门，每晚我打开后门，便看见一个静寂的夜。下面是一片菜园，上面是星群密布的蓝天。

星光在我们的肉眼里虽然微小，然而它使我们觉得光明无处不在。那时候我正在读一些关于天文学的书，也认得一些星星，好像它们就是我的朋友，常常在和我谈话一样。

如今在海上，每晚和繁星相对，我把它们认得很熟了。

我躺在舱面上，仰望天空。深蓝色的天空里悬着无数半明半昧的星。船在动，星也在动，它们是这样低，真是**摇摇欲坠**呢！渐渐地我的眼睛模糊了，我好像看见无数萤火虫在我的周围飞舞。

摇摇欲坠

本义是形容很快就要掉下来，或不稳固。这里通过一种动态感，体现出星星与“我”的距离很近。

海上的夜是柔和的，是静寂的，是梦幻的。

我望着那许多认识的星，仿佛看见它们在对我霎眼，我仿佛听见它们在小声说话。这时我忘记了一切。在星的怀抱中我微笑着，我沉睡着。我觉得自己是一个小孩子，现在睡在母亲的怀里了。

佳句解析

表达出作者作为一个漂泊在外的游子对亲人的思念之情。

有一夜，那个在哥伦波上船的英国人指给我看天上的巨人。他用手指着：那四颗明亮的星是头，下面的几颗是身子，这几颗是手，那几颗是腿和脚，还有三颗星算是腰带。经他这一番指点，我果然看清楚了那个天上的巨人。看，那个巨人还在跑呢！

佳句解析

将星星形容成天上的巨人，并勾勒出巨人的形象，十分生动有趣，想象力十足。

阅读理解要点：

这是一篇优美的写景抒情散文，作者用精练优美的语言描绘出一幅美丽的海上星空图，真诚地表达了对星星的喜爱之情。

写作方法：

本文按照时间顺序，紧紧围绕“繁星”展开描写，写了“我”在不同时期、不同地点观看繁星的情景，抒写了“我”由此产生的热爱自然、向往美好生活的感想，给人以丰富的联想和美的感受。此外，作者综合运用夸张、比喻、拟人等多种修辞手法，从多个角度描写自己眼中的星空，以及星空带给自己的感受，灵动美妙，将整个画面描写得栩栩如生。

作者档案袋：

巴金（1904—2005），原名李尧棠，字芾甘。主要作品有长篇小说《家》《春》《秋》《寒夜》等，另有短篇小说集、散文集多种。2003年11月，中国国务院授予巴金“人民作家”的称号。

思考与练习：

1.你还记得童年时的星空吗？你觉得和现在所看见的星空有什么不同之处？

2.文中将星星比作天上的巨人，在你眼中星星更像什么呢？

3.试着向老师、同学、家人朗诵这篇文章吧！

写作小锦囊

写雨的思维导图

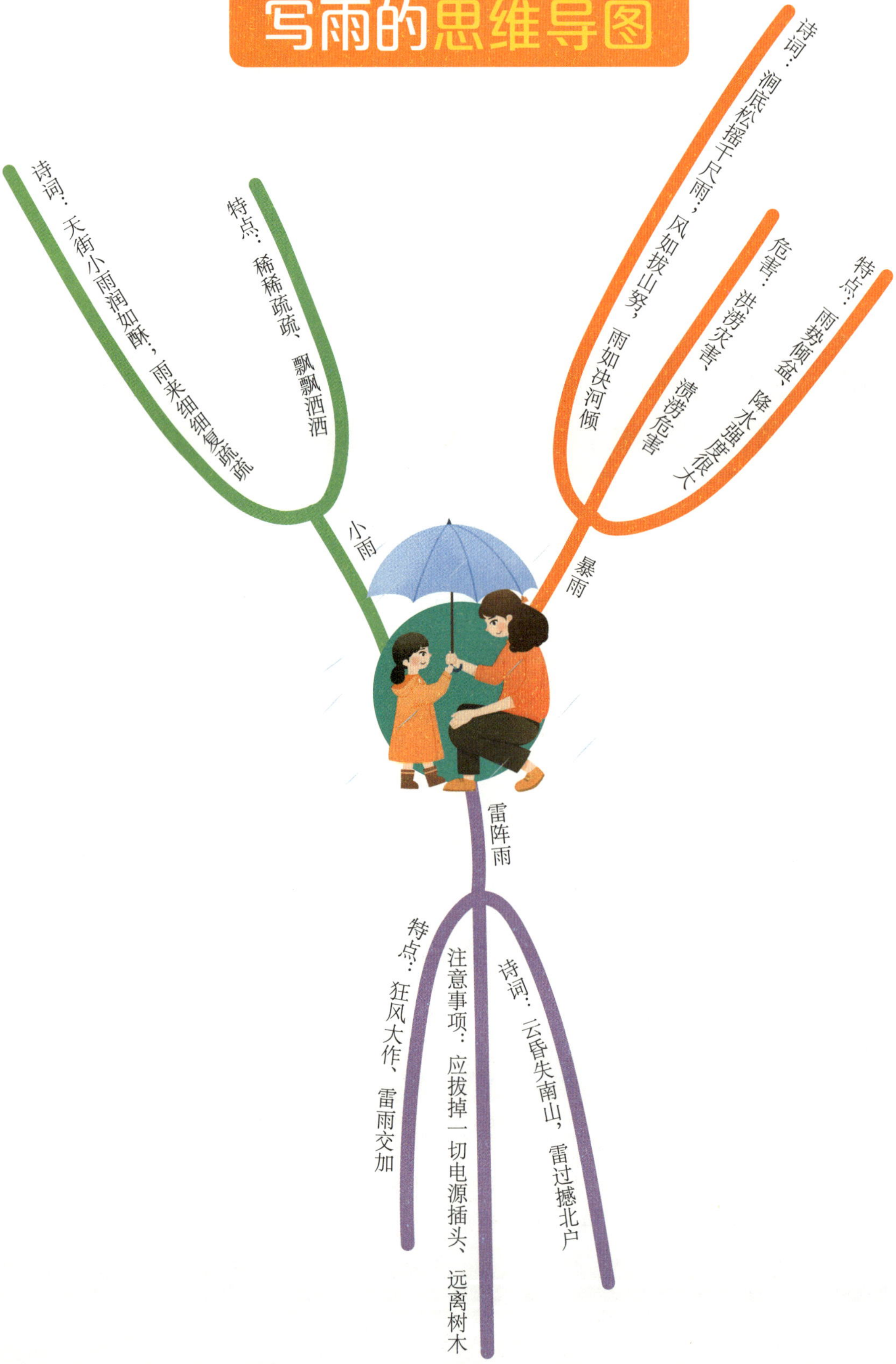

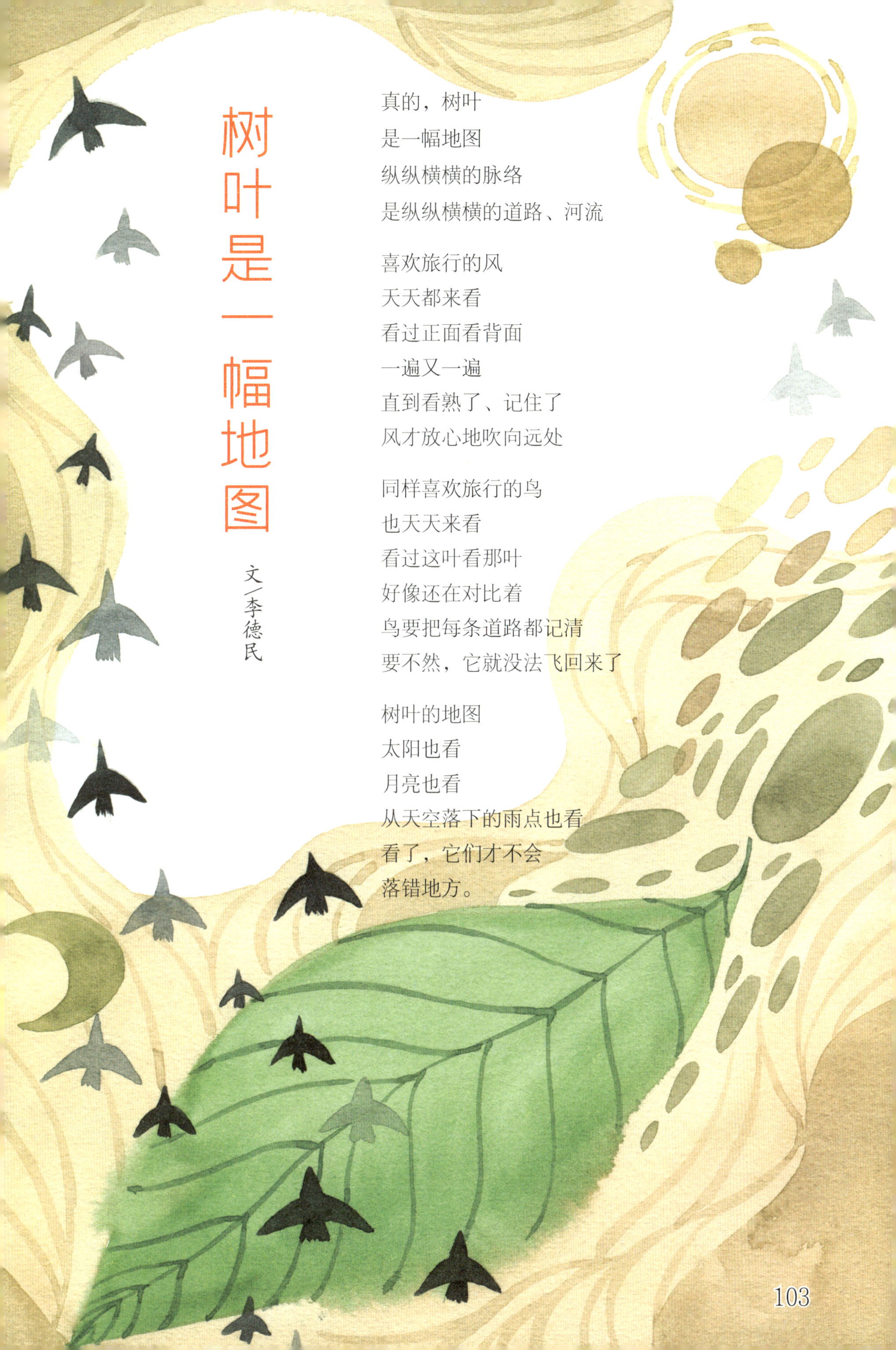

树叶是一幅地图

文/李德民

真的，树叶
是一幅地图
纵纵横横的脉络
是纵纵横横的道路、河流

喜欢旅行的风
天天都来看
看过正面看背面
一遍又一遍
直到看熟了、记住了
风才放心地吹向远处

同样喜欢旅行的鸟
也天天来看
看过这叶看那叶
好像还在对比着
鸟要把每条道路都记清
要不然，它就没法飞回来了

树叶的地图
太阳也看
月亮也看
从天空落下的雨点也看
看了，它们才不会
落错地方。

解析范文线索：

石爷爷带回来一只破壳出生的小鸟→小鸟在石爷爷的精心喂养下长大→村里的人出高价想买小鸟呼呼喇，石爷爷说啥也不卖→石爷爷看到小鸟会飞会捕食了，就放走了小鸟→石爷爷去世后，每一年，小鸟都会给他送来山里红

呼呼喇的礼物

文/王海燕

石爷爷去山里砍柴，在树下发现了一只刚刚破壳出生的小鸟。

石爷爷孤身一人，老伴儿很早就去世了，把小鸟救回来后，他可有活儿干了。石爷爷在水塘旁捉了蛾子，朝小鸟的眼前一晃，小家伙立刻张开镶着黄边的大嘴，一口把蛾子吞了下去。“小家伙，快点儿长大吧，长大我就把你放飞到山上去。”石爷爷不会说诗意的话，但是他知道，鸟是属于天空的，是属于山林的。

小鸟在石爷爷的精心喂养下越长越大。有一天，石爷爷在外面干活儿，屋里的鸟儿实在忍受不了寂寞，发出了第一声成年鸟儿的叫声：“呼呼——喇，呼呼——喇！”

石爷爷有一只呼呼喇！这个消息全村人都知道了。“呼呼喇”是一种山鸟，因为叫声独特，当地人便管它叫呼呼喇。很快，有人来买石爷爷的呼呼喇，价格由50元涨到100元，再涨到300元，后来甚至涨到了1000元！

佳句解析

用别人出价的不断攀升来反衬呼呼喇在石爷爷心中是无价的，侧面体现了爷爷对山鸟的爱护。

石爷爷笑眯眯地吹着口哨，逗弄笼子里的呼呼喇：“1000元？一万元也不卖啊！”

一天，石爷爷早早吃过晚饭，关好门窗，打开鸟笼，他要试试呼呼喇会不会飞。

呼呼喇在笼子里绕了一圈儿，又钻出脑袋打量了一番，

终于钻出鸟笼。它张开一尺宽的翅膀上下翻飞，一时间，屋里尘土飞扬。

鸟儿会飞了，石爷爷又担心它不会自己打食儿。第二天，石爷爷又关好门窗，把捉来的蛾子放出来。满屋翻飞的蛾子，呼呼喇一口一个，不一会儿就捕捉殆尽。石爷爷满心欢喜，他精心饲养的小鸟，就要上山啦。

一个风和日丽的早晨，石爷爷打开笼子，“呼呼喇呀呼呼喇，你已经长大了，回到山上去吧。如果你还记得我，就常回家看看。”石爷爷说着，流下两行热泪，心里万般不舍。

呼呼喇围绕土屋盘旋了几圈，然后长鸣一声“呼呼——喇，呼呼——喇”，飞上了天空。

这年冬天，天气格外冷，石爷爷到底是年岁已高，没能熬过去。

一场大雪过后，石爷爷的土屋被大雪覆盖得洁白一片。有人从石爷爷的门口路过，发现落满白雪的窗台上有一堆鲜艳的山里红。山里的山里红早就被人摘光了，掉在地上的也被松鼠或者刺猬吃掉了，唯独树尖上稀稀拉拉地剩下几颗。石爷爷已经去世，是谁给他送的山里红呢？

就在这时，一只大鸟在村子上空**盘旋**一阵，然后一个漂亮的俯冲，一个洒脱的收拢，稳稳地站在石爷爷的窗台上，把嘴里叼着的山里红放了上去。

呼呼喇朝屋里看了看，又站在窗台上等了好一阵子，那扇已经褪色的蓝色窗子，再也没人为它打开了。

在这之后的每一年，石爷爷的窗台上都会出现一堆艳红的果子。

盘旋

运用了一系列动作描写，生动地写出了呼呼喇动作的潇洒、干净利落，也表达了呼呼喇对爷爷的惦记和感恩之情。

佳句解析

这堆艳红的果子代表着呼呼喇对爷爷的感激之情。

阅读理解要点：

爷爷救回了破壳而出的小鸟呼呼喇，喂养它长大，视它为无价之宝，等到确定呼呼喇会自己飞翔、打食后，才放心地让它回归山林。万物有灵，爷爷的善举也收到了呼呼喇爱的馈赠——每年窗台上的那堆红果子。

解析范文线索：

芽仔跟着爸爸去捉芒狸，也就是竹鼠→爸爸发现洞口，布下铁笼→一只小竹鼠被关在铁笼里→爸爸准备挖洞捉大竹鼠，芽仔阻止了他→芽仔不想让小竹鼠没有妈妈，因为他自己的妈妈走了三年没回来→爸爸放了小竹鼠一家

捉芒狸

文/竹　风

桂北的人都管芒狸叫竹鼠，已读三年级的芽仔却还没有见过竹鼠。当爸爸带他和狗子阿黄去捉竹鼠时，在路上他就问：“爸爸，竹鼠是老鼠吗？”

“竹鼠不是老鼠，味道鲜美着呢！”爸爸说。

芽仔很想问：有妈妈做的菜味道鲜美吗？可他只是抿下嘴唇，没敢问。妈妈已经走了三年，一直没有回来。

春日的天阴着，空气有些潮湿，有雾气在山间飘荡。

> **佳句解析**
>
> 环境描写，点明季节为春天，写出了天气为阴天，为下文写下雨了的情节作铺垫。

狗子阿黄“哧溜”一下跃到前面去，朝竹林里吠叫起来。

“阿黄肯定发现了竹鼠，今天我们有美味吃了。”爸爸扛着镐头、铁锹钻进竹林，芽仔跟着，一会儿便看见一丛竹子下面有个洞口。洞有碗口粗，比老鼠洞大多了。

“把笼子递给我。”爸爸朝芽仔伸出手。

芽仔把手里拎着的铁笼子递向爸爸。爸爸接过铁笼子，将门打开，罩在洞口上。

接着，他又拿块石头抵住铁笼子底部，还伸手从衣兜里掏出一节嫩竹笋来。爸爸把竹笋折成几段，放在抵住铁笼子的石头上。

“去旁边等一会儿，竹鼠肯定是咱们的猎物了。”爸爸走出竹林，在溪边一块岩石上坐下。

狗子阿黄突然竖起耳朵，接着竹林里便传来“吱吱”声，还有铁笼子被撞击的声音。

“这么快就捉到了！”爸爸说着，迅速奔进竹林。

芽仔赶到时，就看见铁笼子里有一只比老鼠大一些、比兔子小许多的动物。

“爸爸，这就是竹鼠吗？”芽仔问。

“当然。”爸爸回答着，又轻声嘀咕一句，“怎么会出来小的呢？大的太滑头了。”

爸爸刚说完，只见洞口伸出一颗灰脑袋。

可灰脑袋很快又缩回洞里去了。

被关在铁笼子里的小竹鼠，似乎也看见了大竹鼠，又“吱吱”叫起来，想从铁笼子的缝隙钻出。铁笼子的缝隙像网眼，小竹鼠根本钻不出来，只好用爪子扒着铁笼子。

爸爸拿起镐头准备挖竹鼠洞，刚把镐头举起来，芽仔却说：“爸爸，放过大竹鼠吧。我们把大竹鼠捉走了，小竹鼠也会没有妈妈了。”芽仔眼里有泪。

爸爸举着镐头的手抖了一下，本想朝芽仔发火，却没有发，一松手，镐头歪倒在了地上。

阴着的天空，有蒙蒙雨丝洒下来，落在竹叶上，发出轻微的“沙沙”声。

佳句解析

环境描写，下雨了，与前文写天气阴着相呼应，烘托父子俩伤感的心情。

亮点解读

默默，这里指爸爸没有说话，却已经在心里做好了决定。

佳句解析

环境描写，与前文两处环境描写相呼应，写出了天气的变化，春雨持续地落着，也衬托出父子俩放生后轻松的心情。

爸爸**默默**地把铁笼子的门打开。笼子里的小竹鼠转眼间便钻进洞里，传出一阵欢快的“吱吱”声。

爸爸扛着镐头和铁锹，芽仔提着空空的铁笼子，狗子阿黄跟在后面，走出了竹林。

春天的细雨“沙沙”地落着，雨雾笼罩着桂北的山，也笼罩着一大一小两个远去的身影。

阅读理解要点：

文中的妈妈虽然一直没有出场，也没有点明她走的原因，却作为情感的暗线贯穿其中。是由于芽仔对妈妈的思念，不忍心竹鼠一家分离，让爸爸把到手的美味放生了，自己一家不得团圆，就成全竹鼠一家的团圆，读来令人动容。

写作方法：

环境描写可以烘托人物的心情，渲染气氛，有助于塑造人物的形象，为下文的情节作铺垫。这篇文章的三处环境描写，既有变化，又相互承接，安排得很巧妙，让这个温情的故事氤氲在春日蒙蒙的雨雾中，有着说不出的美好。

解析范文线索：

初次碰见鹅，慌忙逃窜→与鹅阔别重逢，我决定一雪前耻→“我”和鹅之间的较量不相上下→从此以后，每次和鹅相遇必有一战。双方各有胜负，不分伯仲

如何打败一只鹅

文/一支短笛

十年前，下午三点，墙上挂钟“铮铮铮”刚刚敲了三下，屋外阳光正盛，院子正中，我沉默地站着，五步开外，伫立着一只鹅。

淡黄色隆起的前额，猩红的眼圈，没有眼皮使得棕褐色的双瞳更加狰狞，一道流光在它眼眶里打转，好像随时都可以飞出来扎我个对穿孔。

我突然开始后悔没有乖乖午睡，导致和它不期而遇。

我知道，终究必有一战。但我的腿告诉我，赶紧跑。心念刚动，大鹅便似乎已经看出我的怯意，轻抬鹅腿，竟信步走来，宽大的鹅掌一步一顿，从脚蹼中溢出一丝睥睨天下的霸王之气。我脚下发软，不由得向后退，大鹅竟愈加得寸进尺，双翅一拍，发出一声激鸣，石破天惊，声如金击，恍惚间我仿佛看到了金翅大鹏，惊愕地闭上了眼睛，随即腿上传来一阵剧痛。

院子里回荡着我壮烈的哭喊，此后，我失去了童年应有的无畏，总是小心翼翼，每每看到那只鹅就会远远躲开，有时**狭路相逢**，我也会在它的眼神威逼中谨慎地贴着路边绕过，任由它嘎嘎地唾弃着我的背影。

佳句解析

运用外貌描写，勾勒出一个气势汹汹的鹅，站在“我”面前，一人一鹅的对决一触即发。

狭路相逢

本义是在很窄的路上相遇，没有地方可让。在这里指“我”和鹅之间的关系十分紧张，突出“我”对鹅的害怕。

每一次偶遇都是阔别重逢。

那天，它从池塘的碧波里**昂首挺胸**地钻出来，和放学归来的我再次不期而遇，一时间，惊愕、恐惧，再次充斥在周边的空气里。四目相对，它一如往常的趾高气扬、岿然不动，践踏着我作为一个勇敢的少先队员的尊严。

战还是不战？痛思良久，我心里已有打算。

来吧！我缓缓站定，重心后移压在右腿，左腿缓缓抬起，然后取下了我的拖鞋紧紧拿在手中。

大鹅看我没有屈服的意思，恼羞成怒，几欲冲来，我先发制“鹅”，向前抢进一步，抡圆了胳膊，“啪！”拖鞋坚硬的底板和蠢鹅的大头相击发出清脆的响声，如闻丝竹。大鹅明显没反应过来，一向臣服的人类怎会反抗？我趁机反手又是一巴掌，复仇的快感让我勇气倍增，步步紧逼打得大鹅连连后退。猛然间大鹅奋力扑翼，一飞冲天，准确地落在了我的头上，长颈一曲，重重地在我头上敲了一下。

我的妈呀，我疼得龇牙咧嘴，顿时怒从心中起，恶向胆边生，伸手往上一掏，抓住了它细长的脖子，一把揪下地，

昂首挺胸

形容斗志高，士气旺。这里将鹅雄赳赳气昂昂的形象表现出来。

抡了个圈，我顺势一发力，大鹅脱手而出，划出一道完美的弧线，落入池塘里。

自此以后，每次和它相遇必有一战。双方各有胜负，不分伯仲。

亮点解读

结尾简洁地带过与鹅相遇必有一战，让人读来忍俊不禁。

阅读理解要点：

文章故事脉络清晰，事件表述十分有条理，用语风趣，读来总是让人会心一笑。鹅与人的羁绊在一次次对战中加深，或许都看对方不顺眼，但心里早已有一个位置留个对方。

写作方法：

我们在写动物时，也可以着重描写与动物之间发生的趣事，在事件背景下让动物形象更加生动。文章针对鹅进行多处外貌描写，一是加深读者对其的印象，二是将鹅的性格侧面展现出来。此外，在与鹅的对战中，运用详细的动作描写，能够让场面更加富有动感，读起来不枯燥。

解析范文线索：

巴图很瘦弱，阿爸担心它成不了草原上合格的牧羊犬，但阿莱夫相信它→阿爸将羊群交给阿莱夫和巴图独自管理时，灰狼来了→巴图和灰狼撕咬在一起，阿莱夫趁机赶羊群回家→第二天，阿爸和阿莱夫找到了巴图→巴图成了草原上最勇敢的牧羊犬

阿莱夫与牧羊犬巴图

文/何君华

在哈丹巴特尔草原，巴图可能是最瘦弱的一只牧羊犬了。讽刺的是，巴图却有一个“结实”的名字（蒙古语巴图意为“结实”），虽然它一点也不结实。

“它实在太瘦弱了。”阿爸乌恩其忧心忡忡地拍着儿子阿莱夫的肩膀说，“它可能很难成为一只合格的牧羊犬。”

“不，它一定会成为一只合格的牧羊犬，我敢打赌。”阿莱夫翘起嘴，以极为自信的语气说道。

阿莱夫是哈丹巴特尔草原最瘦弱的孩子，那些傲慢无礼的大孩子甚至因此取笑他没资格做一个蒙古汉子。也许正是这个原因，阿莱夫执意把巴图带回家——多少有点“**同病相怜**”的意思。

同病相怜

本义是因有同样的遭遇而相互同情，这里指阿莱夫和巴图都因瘦弱而不被看重，互相同情。

从此之后，阿莱夫便与巴图形影不离了。即使是哈丹巴特尔草原最瘦弱的一只牧羊犬，经过一年的成长，巴图也已经生长出巨大的骨架和强劲有力的肌肉。虽然一些体格高大的黑羊曾经联合起来试图捉弄它，但巴图毋庸置疑地镇压并驯服了它们。

那一天，阿爸乌恩其将羊群交给阿莱夫和巴图独自打

理，然后便骑上马，头也不回地找斯日古楞下蒙古象棋去了。乌恩其刚走不久，危险的气息就飘了过来。还没等阿莱夫握紧手中的皮鞭，目露凶光的灰狼就出现了。

紧张之余，一只白羊落了单，看起来大灰狼不费吹灰之力就可以轻松得逞。就在这时，一道黑影横在了灰狼面前，这黑影就是牧羊犬巴图。这可是仅一岁多的巴图第一次遭遇狼，但它的面颊上没有任何惧色。巴图目光如炬，像世界上最勇敢的战士一样跟灰狼对峙起来。灰狼摆动后腿，急剧加速，向巴图猛地刺了过去。巴图也毫不示弱地猛冲出去，和灰狼撕咬在一起。趁着这个当口，阿莱夫奋力挥舞起皮鞭，驱赶羊群往家赶。巴图的嘶吼声越来越远……

佳句解析

运用了比喻的修辞手法，把巴图的目光比作火炬，把巴图比作勇敢的战士，生动形象地写出了巴图的勇敢无畏。

所有的牧人都说，巴图怕是回不来了。阿莱夫拒绝相信人们武断的臆测，但泪水还是不住地从他晶莹的眼睛里流淌出来。第二天，天一放亮，阿莱夫便迫不及待地踏上了寻找巴图的征途，阿爸乌恩其也只好骑上马跟了上去。整整一天过后，阿爸乌恩其终于在珠日河草场发现了巴图的踪迹！巴图浑身是伤，看起来已经没有一丝力气，但它的嘴里居然紧紧地咬着那只灰狼的尸体。

你完全可以想象这样的场景，阿莱夫像与失散多年的战友重逢一样，激动地和巴图抱在一起，久久不愿分离。从那天起，哈丹巴特尔草原上有名的小个子阿莱夫认定，他的牧羊犬巴图是整个草原上最勇敢的一只牧羊犬。

佳句解析

与上文的“同病相怜”相呼应，体现了阿莱夫找到巴图的激动，以及和巴图之间的深厚感情。

写作方法：

这篇文章采用了先抑后扬的写法，先渲染牧羊犬巴图的瘦弱，通过阿爸乌恩其侧面烘托巴图的瘦弱，再笔锋一转，写它如何驯服黑羊，在与灰狼的生死对抗并战胜灰狼一役中，巴图一战成名，为自己封神，扭转了草原上人们的看法，从此成为最勇敢的牧羊犬。先抑后扬，读来更震撼人心。

解析范文线索：

大狗丑丑喜欢把别人家的鞋子带回来，还喜欢把“我”家的鞋子往别人家送→丑丑喜欢舔鸡舔兔子玩，吓坏它们→丑丑为驱赶鹅喉羚践踏庄稼→丑丑喜欢追四蹄动物，吓坏羚羊→虽然丑丑令人心烦，妈妈还是很惦记它

闯祸精

文/李　娟

亮点解读

开篇就罗列大狗丑丑的一系列缺点，扣紧了题目。

总的来说，大狗丑丑的缺点多于优点。样子凶，吃得多，记性差，咬赛虎，追鸡。除此之外，还爱偷鞋子。不，应该是收集鞋子。它不但喜欢把别人家的鞋子往自己家搜罗，还热衷于把我家的鞋子往别人家送。这真是令人难以理解的嗜好。

发现它有这个嗜好的那天，我妈早上一起床就发现少了一只鞋。荒野中不可能丢东西，何况是一只又破又脏的鞋。当她找得翻天覆地的时候，突然有人上门。是承包隔壁那块地的老板雇的长工——一个十几岁的哈萨克男孩，他住在一公里外的地窝子里。

上一次他丢了鞋，和我妈一样纳闷儿，谁会来荒野里偷鞋呢？实在找不到，只好把另一只也扔了，光着脚干活。过

了几天，他运农药时路过我家的蒙古包，一眼看到我家丑丑卧在太阳地里，正抱着他几天前丢失的鞋又咬又啃，玩得不亦乐乎。

他夺回鞋子，回头去寻找扔掉的另一只。另一只没找到，却找到我妈的鞋。

我妈又窘又恨，连忙高声骂狗，带着那孩子去屋后找鞋。除了收集鞋子，丑丑这家伙还喜欢逮鸡玩。逮到鸡后，也不吃，也不咬，就像抱娃娃一样把人家抱在怀里，然后用舌头反复舔啊舔啊……把鸡舔得浑身都湿透，瑟瑟发抖。这种把戏共玩过两次，其中一只鸡给活活吓死了，另一只虽然被我妈及时营救出来，从此也萎靡不振。

它还舔过兔子，把人家摁在地上，先顺毛舔，再逆毛舔，把兔子舔得“呆若木兔”，连跳都不会了。

丑丑唯一的功劳是驱赶鹅喉羚。戈壁滩深处的鹅喉羚有段时间天天来啃我家的葵花苗，丑丑一看到就追，令人欣慰。虽然追的过程中，被这家伙践踏毁坏的秧苗并不比被羚羊糟蹋的少。

受到鼓励后，这家伙得意忘形，从此看到四蹄动物就追，包括人家牧民的羊。春天，此处是游牧羊群的必经之地。这家伙一看到羊群就兴奋得狗眼炯炯，直往羊群里冲，叫嚣连天。羊群惊得四散而去，牧羊人气得炸了肺。每当那时，我妈都**束手无策**，干脆装作不认识这条狗。

亮点解读

幽默的笔法，看似是一条懂事的狗，下一句笔锋一转，践踏秧苗，令人感觉得不偿失。

束手无策

这里指面对丑丑的行为，妈妈毫无解决的办法，只能由它去。

嗯，丑丑这家伙吧，虽说让人心烦，但若是半天不见踪影，我妈还是很惦记它的。

今年大旱，上游泵房的水往往还没流到我们这块地里，就给用完了。眼看着葵花一片一片干掉，我妈日夜焦灼，急得满嘴上火。好容易水来了，这当头丑丑又不见了，一晚上都没回家。

第二天我妈一边浇地，一边东张西望，大声呼喊它的名字。直到下午仍不见狗影。我妈不由得胡思乱想、心慌意乱。要知道这可是盼了很久很久的水，一旦关上水阀，立刻就会被下游农户抢走——似乎到了那会儿，天大的事情也比不上那只可恶的狗重要。

佳句解析

过渡句，起承上启下的作用。承接了上文丑丑的行为让人心烦，引出了下文妈妈对它的惦记。

阅读理解要点：

题目叫“闯祸精”，把爱闯祸的大狗丑丑当成了调皮的孩子来写，本身就充满了对丑丑的包容和喜爱之情。而文中丑丑的一系列闯祸之举也让人哭笑不得，纵使如此，它仍是妈妈的心头宝，能够让妈妈在大旱浇地的时候一直牵挂着它。

写作方法：

这篇文章侧面描写的手法运用得很好。除了正面写大狗丑丑闯祸的举动，侧面描写的烘托，让人更生动地看到丑丑闯祸后的后果是如何让人哭笑不得的。比如妈妈领人去屋后寻找丑丑带回来的鞋子，比如两只被丑丑舔湿的鸡，一只被吓死了，一只萎靡不振，连被舔的兔子也呆若木兔。比如，用大旱时节妈妈好不容易得了水可以浇地的宝贵性，来衬托狗狗在她心目中更重要。另外，文章的语言幽默风趣，更能体现丑丑的调皮捣蛋，却又惹人喜爱的形象。

解析范文线索：

杰夫从塞洛狮群领地叼到了一块疥猪肉→撤退时候惊醒了狮群→杰夫死里逃生→回家的时候，与岩蟒战斗→岩蟒杀死了杰夫的一只幼崽→杰夫看着卡茜和剩下的三只幼崽，感到一丝安慰→第二天，杰夫又奔向大草原

大草原生存记

文/黄晓东

一

金黄的非洲大草原上，稀稀拉拉地散布着长满针刺的金合欢树。一阵大风横扫而来，将枯草尘沙卷得漫天飞散。

正午的阳光下，一个瘦小机灵的身影，正从高高的黄草中走来。这是杰夫，一只黑背胡狼，它是来碰运气的。

这里是塞洛狮群的领地。

塞洛狮群刚刚捕获了一窝疥猪，大快朵颐之后，它们才心满意足地睡去。近点儿，再近点儿……

杰夫每向前跨一步，都像踩在棉花上，毫不留声。总算叼到了一块肉，撤！

就在这时，杰夫感到一阵疼痛，回头一看，一头几个月大的小狮子咬住了它的尾巴。

杰夫露出尖牙，发出低吼，威胁小狮子后退。可小狮子并不害怕，而是勇敢地直面杰夫。

杰夫露了怯，往后退去，然而，它已经无路可退，因为整个狮群都醒了。这下杰夫死定了。

伴随着“嗷”的一声，凝滞的空气被打破，塞洛狮群的死敌——诺曼狮群来复仇了！

就在今天，塞洛狮群杀死了诺曼狮群的一头母狮。一瞬间，狮群吼声震天。飞舞的利爪撕开了对手的皮肉，锋利的

亮点解读

环境描写，交代了故事发生的时令——秋季，渲染了有点萧瑟的氛围，预示着寻找食物的困难，也为下文写杰夫狮口夺食的险举作铺垫。

佳句解析

运用了比喻的修辞手法，把杰夫走路比喻成踩在棉花上，生动形象地写出了杰夫的小心翼翼。

牙齿咬断了敌人的筋骨。杰夫不再耽搁，它爬起身，从粗壮的狮子身边蹭过，一路狂奔。

气喘吁吁的杰夫嘴里紧紧地叼住一块疥猪肉，今晚，它的四个孩子不用挨饿了。

二

家就在跟前了，杰夫轻轻地叫唤了一声。

奇怪，没有回应。

它来到小家伙们藏身的洞口，天哪！一条三米长的非洲岩蟒正缠在卡茜的身上！杰夫非常害怕岩蟒，它曾亲眼见到同伴被这种冷血杀手绞杀。

此时，看到朝夕相处的伴侣即将被冷血杀手**吞噬**，杰夫竟然不顾一切地咬住了岩蟒的尾巴。顿时，岩蟒回过头来咬向杰夫，却被它敏捷地避开。

吞噬 这里指一口吞下，写出了情况的危急。

杰夫左躲右闪，腾挪跳跃，不断地撕咬着岩蟒，岩蟒却没办法伤到杰夫。岩蟒放弃了，它丢下卡茜，向草丛深处爬去。

此时，卡茜已经被岩蟒折磨得虚弱不堪，但它摇摇晃晃地朝着岩蟒走去。杰夫赶紧跑过去，挡在卡茜与岩蟒中间。

就在这时，岩蟒突然转过身，张开大嘴吐出一团东西后，便迅速消失在草丛中。杰夫分辨出，那正是它与卡茜的一只幼崽。

杰夫一下子失去了所有的力气，它缓步走向自己的窝，发出阵阵哀鸣。突然，草丛里传来一阵骚动。杰夫警觉地站起身，却见干草丛里爬出了三个毛茸茸的小家伙。虽然失去了一个孩子，但至少卡茜还在，三个小家伙还在。小家伙们睡梦中轻轻的呼吸声，似乎又给了杰夫力量。

清晨，远处的狮吼宣告了大草原新的一天的到来。那个瘦小机灵的身影又告别了自己的小窝，往高高的大草原快步跑去。

佳句解析

篇末点题，虽然刚刚经历了一场生死劫难，甚至没有悲伤的时间，杰夫依然要为新一天的生存忙碌奔跑着，写尽了大草原生存的残酷和无奈。

阅读理解要点：

故事一开始，就展示了草原的荒凉，暗示着寻找食物的艰难，紧紧地扣住了题目中的“生存记”，为下文写胡狼杰夫一家在草原上的艰难求生作足了铺垫。文章以杰夫为个例，集中于一天展示了从狮群中夺食逃生、恶战岩蟒、痛失幼崽等一系列惊心动魄的草原生存记，而这样的危险，是杰夫生存的日常，也是草原上所有动物生存的日常，由此，才更让人感慨大自然的残酷与无奈。

写作方法：

如何把动物之间惊心动魄的战斗展现出来，作者没有回避，而是采用了一系列动作描写等正面描写的手法，如“撕开”“咬断”“蹭过”“狂奔”等，直面战斗本身，把大草原生存的残酷直接展现给读者，也让读者读完大呼过瘾。

解析范文线索：

单臂猿遭到了其他长臂猿的欺负→老莫给单臂猿加餐，并用食物引诱其他长臂猿善待它→新来的饲养员对所有长臂猿一视同仁→单臂猿遭到了同伴的疯狂报复→单臂猿生命的最后一刻，还在等待着老莫回来

单臂猿的末日

文/沈石溪

负责喂养长臂猿的饲养员老莫打扫笼舍时，不小心将一只幼年长臂猿的前臂踩成了粉碎性骨折。截肢后，小猿成了残疾，成了单臂猿。

小猿成了单臂猿后，行动不便，笼舍里的其他长臂猿都欺负它。老莫对这只单臂猿怀有深深的歉疚，便格外地照顾它。一旦发现有哪只猿欺负它，他就立刻冲进笼去，教训那些捣蛋鬼。

猿酋是这群猿里的老大，单臂猿脱离了它的统治，它当然不服气。跟老莫来硬的它不敢，于是采取了一个颇为高明的策略，就是孤立单臂猿。它不仅自己躲着单臂猿，还霸道地不准其他任何一只猿与单臂猿接近。

老莫发现这一情况后，十分冒火，他眉头一皱，计上心来。

每天早上上班时，老莫自己掏钱，买一些长臂猿最爱吃却又很难吃到的东西，比如香蕉。进到笼里，老莫先将一根香蕉剥开递给单臂猿，一股清香便在笼舍里弥散飘溢，包括猿酋在内的所有长臂猿都停止了玩耍，目不转睛地盯着老莫手中的香蕉。于是，老莫又剥开一根香蕉，朝长臂猿们招手，意思是如果哪只猿愿意过来给单臂猿整饬毛发，这根香蕉就给它。

在灵长类动物中，一只猿主动给另一只猿整饬皮毛，就意味着尊重、友善和讨好。起初长臂猿们迫于猿酋的威胁不敢过来，但在猿酋被老莫揍了几次后，便不再恐惧，纷纷来给单臂猿整饬毛发。

这以后，老莫如法炮制，以美食为诱饵，为单臂猿收买笼络“人”心。最后连猿酋也没能忍住，开始讨好单臂猿。

单臂猿的处境彻底改观，**春风得意**，无比辉煌。

然而，好景不长。老莫坐朋友的车到大理游洱海，不幸出了车祸，连人带车沉到水底去了。接替老莫的是个新招聘来的小伙子，他对所有的长臂猿一视同仁，该喂食的喂食，该打扫的打扫。

开头几天，长臂猿们还抱有幻想，以为老莫会回来给它们加餐，仍像过去那样对单臂猿体贴关怀。半个月过去了，还不见老莫的影子。长臂猿们终于失去了耐心，不仅不再向单臂猿献殷勤，还抢它的食物，把它逼到角落。猿酋和另外几只大公猿伙成一团，经常对单臂猿拳脚相加。对猿酋来

春风得意

这里指单臂猿处境好转后心情欢畅、扬扬自得的样子。

佳句解析

写出了众猿平日里对单臂猿示好，是由于老莫给予它们的物质诱惑。“从云端坠落到深渊”，体现了单臂猿处境的危险和可怜。

说，追捧单臂猿本来就是被迫无奈，过去因为单臂猿的靠山太强大，自己敢怒不敢言，现在单臂猿的靠山倒了，便无所顾忌地实施疯狂的报复。

物质利诱下的友爱，总是不长久的。单臂猿从云端坠落到深渊。

一个阴霾的早晨，人们发现，瘦骨嶙峋的单臂猿趴在围网上，停止了呼吸。它的两只眼睛还睁得老大，望着笼外那条青石板路。毫无疑问，生命的最后一刻，它还在期待着老莫能突然出现呢。

阅读理解要点：

这是一个关于单臂猿悲剧的故事。动物园里长臂猿的世界也是一个小小的社会，遵循“弱肉强食，适者生存”的法则，因此，当老莫对单臂猿格外照顾时，有点像外界的介入破坏了动物世界的规则，当失去老莫这个外援时，单臂猿的处境才会更加惨烈。长臂猿们平日累积的怨气和嫉妒，导致了对单臂猿更加疯狂的报复。小小的动物园，仿佛就是整个社会人情世故的写照，让人唏嘘不已。

写作方法：

这篇文章对比的写法使用得淋漓尽致。文章的前半部分写尽了单臂猿受到的格外的关照、优待和老莫威逼利诱下众猿猴对它的讨好；后半部分又尽情展示了失去老莫这个靠山后，单臂猿的危险又让人心酸的处境。前后两部分形成鲜明的反差，读来让人唏嘘。

作家档案袋：

沈石溪，本名沈一鸣，中国当代动物小说作家。1980年，开始从事业余文学创作。代表作有《第七条猎狗》《狼王梦》《一只猎鹰的遭遇》《沈石溪：我的小时候》、短篇小说集《斑羚飞渡》。

解析范文线索：

大量物资要进入苏木，重任落在黑炭身上→黑炭靠近河床，却停下来，纹丝不动→众人奇怪黑炭的反常表现，把它推到了河床上→黑炭挣脱缰绳，冲向岸边→河床突发凌汛，惊呆众人→众人明白了黑炭的提醒，也愈加相信黑炭

黑　炭

文/许廷旺

一

如同裂帛般的嘶鸣声炸响，余音一起三伏，形如波浪似的滚滚向前推进。亢奋的嘶鸣中夹杂着“乒乒乓乓”的杂音，那是铁车与大地碰撞的结果。滚滚尘土中，一头如黑炭般的大驴昂首挺胸，一路高歌猛进。那硕大的四蹄上下翻飞，宛如蜻蜓点水，又恰似鼓槌频击，硬如坚铁的大蹄偶尔与利石相撞，迸射出星星点点的火花。

车上站着半截黑铁塔似的一个人，他就像即将出征的将军，气宇轩昂，横刀立马。

每天，黑炭与它的主人苏合就是以这种方式出现在苏木的。

二

苏木是草地深处各种物资的集散地。草地深处没有公路，大量的建筑物资要想进入苏木，重任就落在牲畜身上。草地上的马纵横驰骋惯了，换句话说野惯了，让它们当运输主角的结果不是人仰马翻，就是车毁人伤。老牛倒是有一身蛮力，性情温和，可它们那迟缓的步伐实在不能胜任遥远的路途。自然而然，运输的主角非驴莫属。与马相比，驴的性情温和多了；论速度，驴是老牛的几倍。

佳句解析

对黑炭的出场描写，用语大气，眼前仿佛出现波澜壮阔的画面。

佳句解析

运用了拟人的修辞手法，把四蹄翻飞的样子比作蜻蜓点水和鼓槌频击，生动形象地写出了黑炭四蹄翻飞的动态美和力量感。

一反常态

这里指黑炭完全改变了平时的态度，不再前进，也体现了黑炭嗅觉敏锐，警惕性强。

这是一条近百米宽的裸露河床，运输大军为了抄近路，硬是在河床上开辟出一条路来。离河床越来越近，黑炭却放慢了速度，最后还停了下来。苏合催动黑炭上路，黑炭却**一反常态**，纹丝不动。

苏合刚要发作，却见黑炭的前肢不停地击打着地面，大头也频频嗅闻着地面。苏合心里一惊，只有遇到危险时，黑炭才有如此表现。草地里，能威胁黑炭的只有狼了。苏合下了车，刚走出几步，却见黑炭转身向来路跑去。苏合眼疾手快，抓住了缰绳，一人一驴拔起了河。

若是真有险情，其他的大驴也应该有预感，可看看这些大驴，并没有反常行为。而且他们人多驴众，狼还没有胆大妄为到如此程度。

亮点解读

用其他大驴的毫无察觉，来反衬黑炭对危险来临的警惕性高。

此刻，众人好像忘了黑炭昔日的英勇表现，大有帮助它战胜困难的意味。他们前有人拉、后有人推，硬是把黑炭推到了河床上。

黑炭一直没有停止反抗，它扭动身躯，铁车发出可怕的响声，车上的物资纷纷滚落。终于，它挣脱缰绳，疯狂地冲向岸边。

突然，轰隆隆的雷声由远及近，越来越大。众人循声望去，只见河床上涌进一个白色怪物，所过之处，碎石、土块

呼啸而起——这是凌汛。天气突然转暖，河水迅速融化，河水夹杂着大量冰块铺天盖地涌来，如白色战舰浩浩荡荡涌向下游。

再看黑炭，就像什么也没发生，低头啃着枯草。众人忽然明白，黑炭的一番异常行为是在提醒他们啊！

如果某一天苏木里少了黑炭的身影，总会有一些人不由得叨咕：黑炭怎么没有出现呢？

佳句解析

运用了比喻的修辞手法，把冰块比作白色战舰，生动形象地写出了凌汛的来势汹汹，猝不及防，也从侧面衬托了黑炭的敏锐，拯救众人的功劳之大。

阅读理解要点：

本文分为两个部分，第一部分描绘黑炭和主人苏合的出场，气宇轩昂，气场全开，尤其是黑炭，仿佛无往不胜的将军，和下文写它临近河床，突然不再前行的小心翼翼形成鲜明的对比，也更生动地写出了黑炭不仅有奋勇向前的气势，也有察觉危险来临的细致。

写作方法：

这篇文章运用了诸多比喻的修辞手法，通过文字，生动形象地展示了黑炭无可阻挡的英勇气势，比如把翻飞的四蹄比作“蜻蜓点水”“鼓槌频击”；也运用了诸多侧面描写，用马和牛来衬托大驴堪担重任，用其他驴的毫无察觉来衬托黑炭的警惕性高，用来势汹汹的凌汛来衬托黑炭的英雄表现。这些手法的综合运用，让黑炭的形象丰满灵动起来，让没有见过大驴黑炭的读者，也仿佛如在眼前一般。

解析范文线索：

裸鲤额日特跟着裸鲤们洄游→村民们备好了渔网，额日特网眼逃生→河道被人工堤坝切断→额日特凭借坠落的裸鲤溅起的巨大浪花，飞越堤坝→额日特产下鱼卵→裸鲤们借着下雨形成的水流，来到河流的源头，纷纷产卵，完成了这场洄游

洄 游

文/刘 虎

转眼间，额日特已经九岁了。此前，她的三次洄游都以失败告终。眼看又是5月了，哈拉湖所有的成年裸鲤像往年一样，会再次踏上征程。

额日特敏捷地一摆尾巴，追随着鱼群，朝湖口的一条河流游去。河口已经聚集了密密麻麻的裸鲤。河水湍急，裸鲤们顶着水，奋力地摆动身体，年轻的额日特体重还不到那些壮年裸鲤的一半，无法从密实的“鱼缝”中开出一条属于自己的通道。幸运的是，额日特被后面比她强壮的鱼群推到了队伍的中间，继续前行。

三天后，好不容易闯过这段激流，裸鲤们却遇到了更大的危机。这里有一个村庄，村民们早就为裸鲤们准备好了渔网和水桶。额日特本来已经被网网住了，好在她体型较小，在村民收网的时候，侥幸从网眼滑进了水里……

但这时，前方传来消息，河道又被一条人工堤坝切断。水坝底部的水面距离水坝有一米多高。额日特挤进鱼群，吃力地向水坎靠近。就在这时，一条体型硕大的裸鲤从高空坠落，激起的巨大浪花，将额日特从水底抛向半空。额日特抓住这**千载难逢**的机会，借助惯性拼命地向更高的地方飞去。奇迹真就发生了：额日特的身体擦着大坝边沿，重重地落进了水库之中。

千载难逢

一千年里也难碰到一次，这里指额日特被巨大浪花抛向半空的机会极其难得。

额日特不知道，经历了这场飞跃之后，她的身体更加成熟了。当晚，她在一片平缓的水域产下了鱼卵。

此后的两天里，额日特和许多裸鲤一样，守候在自己那晶莹的鱼卵旁边，她多想亲眼看到自己的孩子长什么样，那应该是早已被遗忘的，自己儿时的面孔吧。

可是，根植在额日特体内的基因不允许她等待。第三天，她成为第一条继续启程的裸鲤。

额日特循着水流的气息来到水库的另一侧时，愕然发现，因为连日干旱，和水库连通的那条河断流了。好在几天后，一场淅淅沥沥的小雨为上游补给了水源。水流不大，河道却被打通了。冰凉新鲜的河水将额日特和伙伴们唤醒了，他们强打精神，肚皮紧紧地贴在地上，大半个背鳍露出水面，艰难地穿过水流，终于来到了河流的源头。

兴奋的裸鲤们接二连三地飞跃到半空，借助身体降落在水面时产生的冲击力，大量排出鱼卵。顷刻间，辽远的高原上**弥漫**着新生命诞生的气息。

弥漫

这里指布满、到处充斥着。

额日特也加入这场狂欢之中，这一次，额日特的卵更为硕大、饱满且圆润。

几天之后，完成产卵的额日特歇息够了。她睁开眼睛，内心似乎听到了哈拉湖的召唤。

此时，距离她启程，已经一个多月了。

佳句解析

预示着额日特即将开启返程之旅，也是另一场洄游和危险的到来，体现了大自然的力量和裸鲤的伟大。

阅读理解要点：

洄游，文中指裸鲤由于繁殖的需要，从一片水域游到另一片水域的过程。看似简单的文字背后，潜藏着裸鲤们洄游途中可能遭遇的种种危险。额日特能够顺利洄游，已经说不上是运气还是努力的缘故，这样惊险旅途的背后，我们也不难猜测，又该有多少裸鲤，丧生在洄游的路上。然而，来自身体基因的召唤，让它们勇往直前，无所畏惧。

写作方法：

这篇文章在情节的设置上一波三折，展现了裸鲤惊心动魄的洄游之旅，也让读者的心跟着起起伏伏，我们可以用一张图示清晰地呈现出来。面对困难，我们可以设置解决困难的多种途径，比如自身努力、运气、外界的帮助等，会让克服困难之旅更加精彩！

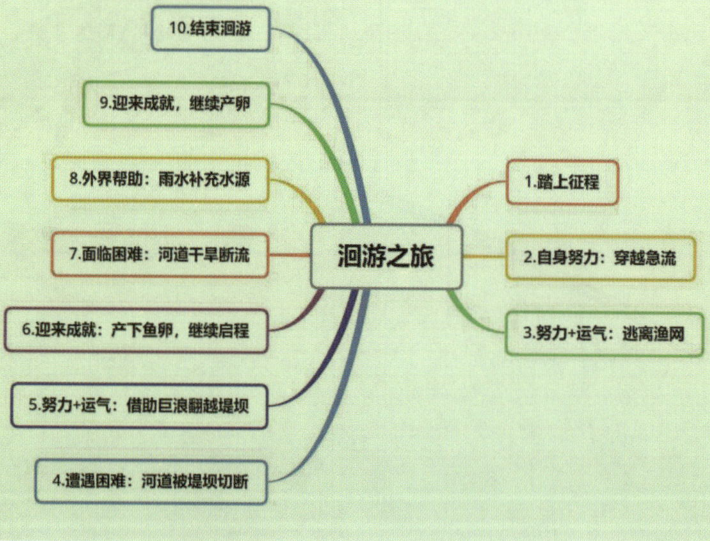

解析范文线索：

阿鱼是一头骡子，但是不让人骑→哥哥往草料中加入辣椒面，被爷爷打→阿鱼是干活的一把好手→爷爷哮喘犯了，阿鱼驮着爷爷到一户牧民家里→爷爷去世后，阿鱼开始绝食，最后死在圈栏里→为了纪念阿鱼，我给自己取名叫“阿鱼”

不让骑的阿鱼

文/蒋小辉

阿鱼不是鱼。阿鱼是一头骡子。

那天，爷爷用一筐青草请回了一头骡子，“啊吁”一声停在了家门口。谐音“阿鱼”，就成了这头骡子的名字。

阿鱼进门没多久，我们就发现它有怪癖。

这头体格强健的骡子是干活的好把式，拉车、犁地比牛还强，背上能驮五百多斤粮草，可就是不让人骑。

哥哥用青草当诱饵，和阿鱼混了几个月，阿鱼也不让他骑。这让哥哥对阿鱼心生记恨。

哥哥往草料中加了辣椒面，呛得阿鱼甩着脑袋在原地打转，鼻涕眼泪直流。

哥哥看着阿鱼的狼狈样，拍手哈哈大笑，没料想被爷爷几记耳光打得眼冒金星。

爷爷恨恨地说：“不长记性的家伙，阿鱼也是一条生命！”

亮点解读

爷爷对阿鱼维护的话语，体现爷爷对它的爱。

阿鱼不让人骑，干活却是憋足力气的。所以，爷爷待阿鱼很好，每天半夜起来给它加草料，隔三岔五用自己做的大毛刷给它梳理毛发。

后来，阿鱼让爷爷骑过一次，这是爷爷亲口告诉我们的。

那天，爷爷牵着阿鱼去镇里卖粮，一路毛毛细雨，走到山路时，却突降大雨。阿鱼的蹄子在泥里一跋一跋的，步子越来越沉。爷爷望着泥泞的陡坡，拍拍阿鱼的头说：“阿鱼啊，咱庄稼人不容易啊，一年到头也拨拉不出多少粮。你再加把劲儿吧……”

阿鱼好像听懂了爷爷的话，把浑身的皮毛猛地一抖，抖落了一地水，脚底生风似的大步走起来。

回来的路上，被雨水淋透的爷爷哮喘病犯了。爷爷捂着胸口咳嗽，踉踉跄跄地栽倒在地。阿鱼在爷爷的身上**蹭**了蹭脑袋，把脖子伸给了爷爷。爷爷左摇右晃地爬到了阿鱼身上。阿鱼没有像往常一样尥蹶子，而是晃晃荡荡地走了起来，一直把爷爷驮到了一个牧民家里。

爷爷说起雨中骑阿鱼的事，眼睛里总是闪着光。

我们兄弟越来越壮实，爷爷却一天天地衰老，终于倒在了一个深秋的雨天里。

临终前，爷爷告诉我们一个秘密：爷爷一辈子没结婚，我们是他从一场大火里救出来的。他说：“今后没有我照顾你们了，你们要像阿鱼一样不能让人骑，记得一定要有出息。”

蹭

运用了一系列的动作描写：蹭了蹭、伸、走、驮，准确生动地写出了阿鱼对待爷爷的例外，在爷爷有困难时主动让他骑。

佳句解析

一语双关，这里的“不能让人骑”，指的是做人要有骨气，不要让人骑在头上，要有尊严地活着。

爷爷走后不久，阿鱼开始绝食，瘦成了一把骨头。我们知道阿鱼也老了。

那天，阿鱼焦躁地来回踱着步子，还用力地冲撞圈栏。我将圈栏打开，牵着阿鱼慢慢走到了爷爷的坟边。阿鱼屈着蹄子叩打地面，对着天空长长地嘶叫一声，围着坟慢慢转了三圈，然后耷拉着脑袋往回走。阿鱼眼角凝着的泪，闪着光，像露珠。

第二天，阿鱼倒在了圈栏里，死了。我和哥哥把阿鱼埋在了一座小山坡上，从那里，可以远远望见爷爷的坟。那一年，我把名字改成阿鱼，开始了艰难的求学之路。

佳句解析

运用了比喻的修辞手法，把阿鱼的泪比作露珠，生动形象地写出了阿鱼对爷爷的思念。

阅读理解要点：

阿鱼是一头骡子，是干活的好把式，却有着自己的怪癖——不让人骑。这独特的个性得到了爷爷的理解和维护，也终于在爷爷有难时，阿鱼主动驮起爷爷，用这种方式来回报他。这是一头懂得感恩的骡子，最终因为思念爷爷过度而去世。而我们也从它的身上学到了人要有骨气有出息地活着。

写作方法：

抓住事物的特点，写出事物独特的个性来，就能避免千篇一律，这篇文章就是这么做的。作者抓住了身为一头骡子却不让人骑的特点，写出骡子倔强的个性，又通过危难之际主动驮起爷爷，这难得的一骑显得难能可贵，让骡子身上闪着知恩图报的人性的光辉。

解析范文线索：

桃花吐孩子们的压岁钱来自卖猪毛→板凳从自家的花猪毛中挑出黑猪毛，交给花生卖→再从花猪毛中挑出白猪毛，交给斧头卖→板凳的收获最大，引起花生和斧头的不满→后来，板凳搬家再回到村里时，大方地把花猪毛送给了斧头和花生

桃花吐的黑猪毛和白猪毛

文/李　铭

板凳、斧头和花生的友谊还能修复吗？

桃花吐的冬天来了，这冬天一来，年关也就近了。

村子里家家都要养猪，养猪是为了过年杀了吃肉，或者卖钱。对孩子们来说，杀年猪是一件极重要的事。因为他们过年的收入不是来自压岁钱，而是来自自家那头猪的猪毛。

按照值钱的等级分，白猪毛为一等，黑猪毛为二等，花猪毛最次。板凳的运气不好，连续三年了，家里养的都是花猪。所以这一年，板凳想了一个办法——他把从自家的花猪毛中挑出来的白猪毛交给家里养白猪的斧头，挑出来的黑猪毛交给家里养黑猪的花生。

只要斧头和花生把猪毛卖掉，板凳就可以与他们分成。

这个冬天格外冷，但这丝毫没有阻挡蹲在扁筐前认真挑拣猪毛的板凳。他搓搓被冻红的耳朵和小手，看了一眼窗外漫天的大雪，咬咬牙，告诉自己一定要挣够压岁钱，度过一个美好的新年。

很快，板凳的付出有了收获，斧头卖了白猪毛，三块钱分给了板凳一块二。花生卖了黑猪毛，两块五毛钱分给了板凳八毛钱。这样斧头一共得到了一块八毛钱，花生得到了一块七毛钱，而板凳一共分到了两块钱！

斧头和花生心里不舒服了。因为，按照每年的惯例，收购猪毛的人最多给花猪毛八毛钱。可是现在，板凳把花猪毛分开卖，得到的钱竟然是最多的！

看着板凳得意地捂着挎兜，向孩子们炫耀他那用两块钱从村外供销社买来的糖蛋，斧头和花生都希望板凳对他们有所表示，毕竟是他们帮助板凳卖了猪毛。但等来等去，他们不仅没等到板凳的任何表示，还被爸妈责骂不如板凳聪明。

于是，斧头和花生生气了，他们去找板凳要说法。可没想到板凳振振有词，说这是他靠辛勤劳动换来的成果。斧头气不过，跟板凳吵起来，情绪激动的两个孩子还动了手，花生本来是拉架的，可是板凳说花生有偏向……

就这样，三个好朋友心里有了**芥蒂**，他们再没有聚到一起。第二年秋天，他们小学毕业了。斧头和花生要到山外面的学校去上学。板凳也要搬家了。

板凳搬走的那天，站在桃花吐村口，一边哭，一边眼巴巴地看着山坳里那抹飘红的国旗。花生和斧头听说了这个消息，匆匆忙忙赶到村口的时候，板凳和爸爸已经走远了……

三年后，板凳跟着爸爸回桃花吐过年，板凳爸说后悔搬家了，城里住不惯不说，猪肉吃着也不香。这次回来，特意买了一头猪，请大家吃猪肉。

板凳家这一年杀的猪还是花的，猪毛搁在扁筐里，板凳大方地把一筐花猪毛放在斧头和花生面前说："挑出的白猪毛和黑猪毛都归你们了！"

芥蒂

指三个好朋友心中有了嫌隙。

佳句解析

一筐花猪毛，三年前是三个好朋友心生嫌隙的原因，三年后，机智又大方的板凳，用这筐花猪毛，化解了朋友之间的矛盾，也体现了友情的美好。

写作方法：

写友谊破裂又弥合的文章很多，本文就是这样一篇体现友情的文章，但胜在选材特殊。从花猪毛中挑出黑白猪毛分开来卖，多么巧的点子，多么有意思的事情，对于城里的孩子来说，这样的选材一定有无穷的魅力。作者选取了独属于乡村孩子的题材，以小见大来反映朋友之间单纯又宝贵的友情。因此，选取典型事例，尤能凸显文章的主题。

写作小锦囊

写动物的思维导图

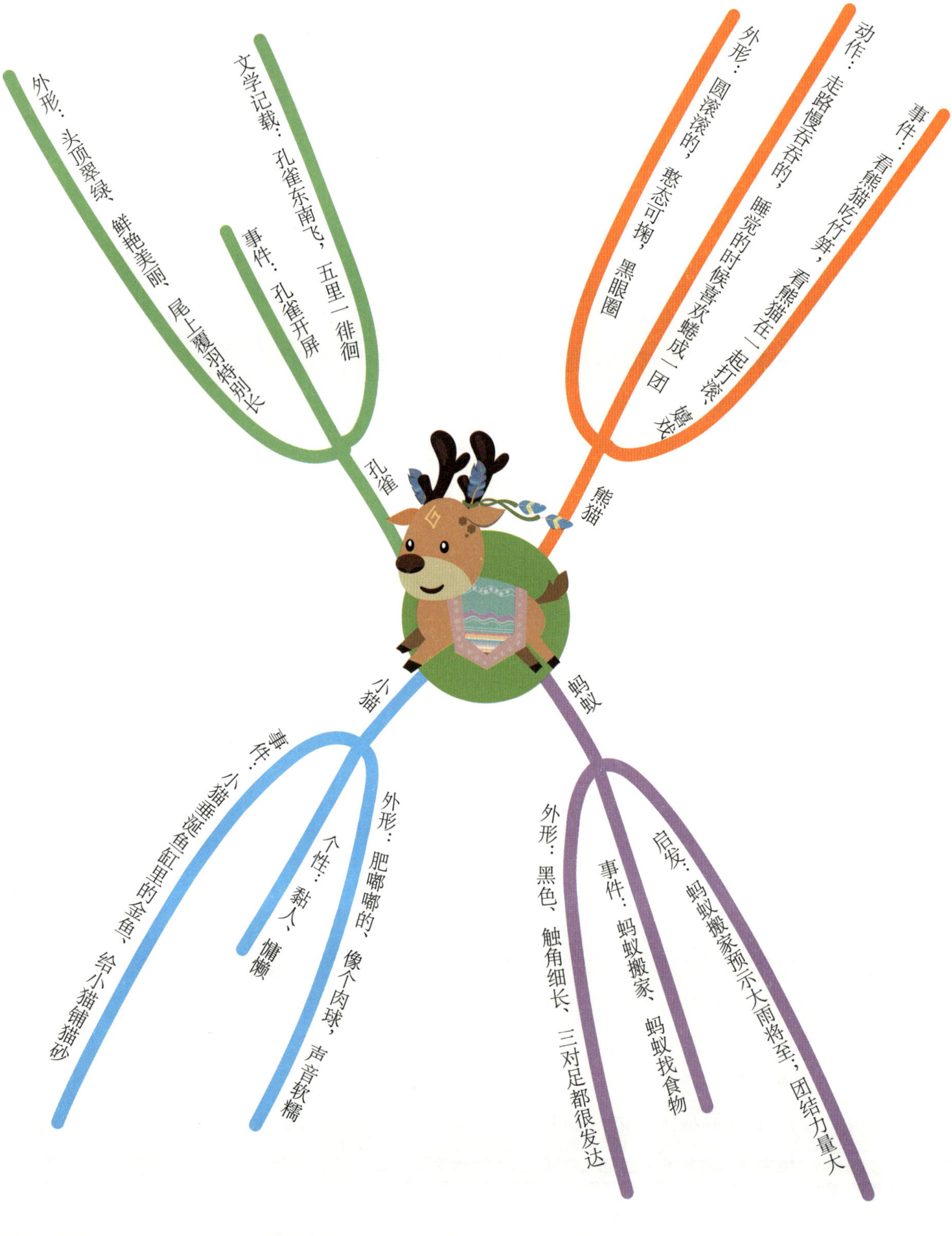